Oscar Grazioli

LA SAGA DEI TOPI

(e altre 20 storie vere di uomini e animali)

#readingwithlove

#readingwithlove è un marchio registrato

ISBN: 9791280555243

Art direction, illustrazione di copertina e produzione
Alessandro Nodari

Editing
Susanna Barbaglia

Agli amici veri. Quelli che mi hanno capito senza mai giudicare.

Due parole su questo libro

Tranquilli, odio le introduzioni lunghe e noiose. Il lettore ha voglia di leggere un libro, non pagine di elucubrazioni mentali dell'autore. Quindi, come si dice, sarò breve.

Gli editori, a partire dal mio primo libro che ha sul groppone quasi trent'anni, mi hanno sempre detto che i racconti tirano poco. Molto di più i romanzi. Di sicuro hanno ragione loro, che impugnano il termometro delle vendite, però a me piace raccontare (e leggere) storie brevi, con pochi personaggi, con trame apparentemente semplici che però, alla fine, riescono a sorprendere con un colpo d'ala. I racconti sono difficili da dimenticare. Quelli ben scritti arrivano dritti nel cuore dei lettori come una saetta letteraria, un pugno narrativo denso di immagini ed emozioni forti.

Italo Calvino, E.A. Poe, R. Matheson, A. Čechov, R. Bradbury e, più vicino a noi anche se prematuramente scomparso, Vittorio Zucconi. Poi, facendo un ampio salto nella storia, Boccaccio e un altro, ancora più ampio, Erodoto, con le sue narrazioni storiche investigative, piene di curiosità e aneddoti. Solo alcuni dei grandi narratori di storie del presente e del passato. Se frugate sulle bancarelle o nei siti di libri usati forse troverete una copia de "L'angelo di Coppi" di Ugo Riccarelli, purtroppo scomparso una decina d'anni fa. Non perdetelo! Sono racconti di campioni sportivi, vincenti o perdenti, scritti in modo straordinario, sono quelli come dico io, quelle saette che raggiungono il cuore, come spero sappiano fare i miei.

Qualcuno potrebbe obiettare che ho dimenticato James Herriot, il veterinario scozzese famoso per le sue storie autobiografiche. Non è una svista, sta di fatto che questi miei racconti sono storie vere di uomini e animali dove spesso il veterinario non c'entra nulla e molto lontane dalla sua narrazione e fraseologia edulcorate.

Se scrivo che "ero incazzato" non ero solo arrabbiato. Ero proprio incazzato. Sono stanco di mettere zucchero sui termini, per una sorta di poltitically correct. Questo non significa dire cadere nel triviale, ma essere aderenti alla realtà moderna.

E poi le storie che racconto sono riflessioni sulla vita, a volte malinconiche (Bullmar, Joker), a volte drammatiche (Il tunnel, La mosca, Il trader) a volte tragiche (Agostina) perché la vita non è sempre il flautato canto degli uccellini sulle Highlands scozzesi.

E adesso, giudicate voi.   O.G.

"La compassione e l'empatia per il più piccolo degli animali è una delle più nobili virtù che un uomo possa ricevere in dono".
Charles Darwin

La saga dei topi

Questa storia vera ha appassionato centinaia di amici quando ne ho raccontato gli esordi sulla mia pagina Facebook, quindi, in gran parte, l'ho lasciata riproponendo il primo post e gli aggiornamenti.

Tutto è cominciato con l'annuncio laconico di mia moglie, una sera di fine inverno, di ritorno dall'ambulatorio: «Abbiamo un ospite». Sono andato a vedere nella sala dove c'è una poltrona letto. Nessuno. «L'ospite è in garage: credo gli piaccia il panettone».

Cari amici, avete nelle mani la vita di un topo e ora vi racconto perché. Sentendo rumori strani nel mio caotico (eufemismo) garage ho dato un'occhiata e ne ho visto le tracce. Piccole cacche di roditore indicano quasi sicuramente un piccolo topo. La scomparsa di un panettone intero, cartone compreso, da me dimenticato da anni nel garage e il rosicchiamento della stagnola delle bottiglie di birra (Leffe) mi hanno indotto a due supposizioni: forse sono più di uno, ma il mio intuito mi dice che è uno solo. Probabilmente è affetto da bulimia.

Del sesso sono sicuro. Femmina. Perché? Perché sono quindici giorni che mi prende per il culo. Non potendo sopportare che arrivasse a rosicchiare la stagnola e temendo che arrivasse alle scatole delle scarpe, ho deciso di darle da mangiare congrui pezzi di formaggio, tra cui Emmental DOP, Grana delle vacche rosse reggiane di 24 mesi e fontina aostana IGP. A questa decisione ha contribuito anche la mia simpatia per i topi, perché sono molto più furbi di noi, tant'è che da tempi storici perdiamo tutte le battaglie ingaggiate con i mezzi più feroci contro di loro. Tutti i pezzi abbondanti di formaggi vari si volatilizzavano, quasi sublimati, in poche ore, immagino in parte mangiati sul posto e in parte in un magazzino che le serve come cambusa.

Vi chiedete perché non andarla a cercare? Perché non avete visto il garage. È una decina d'anni che devo chiamare qualcuno per svuotarlo e fare adeguata pulizia, ed è un casino di ogni ciarpame usato in passato. Ho quindi deciso per la cattura (ecologica).

Ho comprato una trappola sofisticata su Internet (costata un botto) a cellule, leveraggi, chiusure temporizzate, un tunnel concentrato di tecnologia. Ho depositato un pezzo di grana di 36 mesi in posizione strategica, dopo averlo maneggiato con i guanti.

La mattina dopo ho aperto la porta del garage per dare il benvenuto a chi non aveva mai neanche lasciato un bigliettino con scritto *"grazie"*. L'esca era al suo posto e tutto come l'avevo messo. Ho tolto l'esca e l'ho messa di fianco al tunnel del sofisticato dispositivo. Dopo due ore, non c'era più (e neanche il bigliettino di ringraziamenti).

Ho provato altre tre disposizioni dell'esca, in angolo, addossata alla parete, inclinata. Niente da fare. Se qualcuno vuole una trappola studiata dalla Nasa mi mandi una mail: gliela regalo.

Sono andato dal mio vecchio ferramenta che ha lavorato mezz'ora su una vecchia trappola metallica rendendone agevole l'entrata dall'alto, tramite opportuno buco, e impossibile l'uscita. 5 euro e 40 cent. Messo Emmental DOP. Stesso risultato. Il giorno dopo era ancora lì. Messo di fianco alla maledetta trappola, dopo due ore era o nello stomaco o nella cambusa del sorcio.

Adesso sono incazzato e avverto gli animalisti (LAV, OIPA, ENPA, ecc...): se qualcuno mi dà una dritta atta a catturare quella pro... povera topina sicuramente obesa (forse ipotiroidea) entro qualche giorno bene, se no, il ferramenta mi ha fatto vedere qualcosa che non è proprio ecologico perché farebbe scomparire ogni forma di vita dal garage, anche il Covid. E intendo usarlo perché una bastarda di topina che mi prende per il culo per un mese va trattata con i Cruise.

Per il momento continua a mangiarsi l'Emmental DOP e il Grana, stavolta di 12 mesi altrimenti mi manda in rovina.

Qualche giorno dopo

Qualcuno mi ha chiesto un aggiornamento sulla mia battaglia non violenta contro il topo che si è comodamente insediato in garage senza contratto e affitto. Sono esasperato.

Adesso sono due, ne sono certo, avendoli visti per un attimo e non oso pensare che siano maschio e femmina dediti al sesso estremo. Ho cambiato 5 (cinque) trappole e 14 (quattordici) tipi di esche che qualcuno di voi mi ha gentilmente suggerito: panettone col rum, cioccolato (Lindor), oltre ovviamente ai formaggi più pregiati. Nulla da fare, neanche con una trappola gigante rettangolare, a parallelepipedo, si sa mai non si trovino a loro agio nello stretto. Non parliamo di quelle a tunnel; trovo bigliettini con emoticon sorridenti e la scritta *"Soffro di claustrofobia. Grazie lo stesso"*.

Ho provato anche con la bottiglia a tappo largo messa in posizione strategica. L'Emmental DOP naturalmente giace illibato sul fondo. Ieri ho passato 25 siti internet italiani, francesi, spagnoli e americani sul "come catturare un topo". Ho deciso che la prossima sarà l'asticella di legno sottile messa sul ripiano con il Roquefort in punta e sotto, il secchio alto 60 centimetri come indicato da un comportamentista spagnolo. Mi rimane anche la scodella che poggia nell'incavo della mezza noce, ma la tengo per ultima. Dopo, non so più che fare.

Nel frattempo, ho preso appuntamento con un bravo psicoterapeuta perché, di notte, sogno topi che mi fanno il gesto dell'ombrello. Help!

Qualche giorno dopo

Ho deciso che *"La saga dei topi"*, sarà il titolo di un mio racconto che uscirà in un prossimo libro*. In effetti, passata l'incazzatura mi sto anche divertendo. Uno finalmente c'è cascato e non poteva essere diversamente con la "trappola perfetta" mirabilmente costruita dall'amico Vittorio Saleri (detto zio Vitto): una basculante calibrata con pesi da gioielleria gentilmente forniti dalla consorte Roberta (tata Robby).

Lo Zio Vitto merita una piccola parentesi. A parte la straordinaria generosità (condivisa da tata Robby), lui è uno di quelli che sa fare di tutto e non solo con le mani, ma con la testa e con una precisione maniacale. Che il problema sia elettrico, idraulico, che occorra segare o saldare o semplicemente pensare a come costruire una trappola perfetta per topi, lui vi segue apparentemente mentre gli state spiegando cosa contereste di fare. In realtà sta già pensando e, nella sua mente, c'è già un progetto che voi avevate reso un casino inutile e complicato. Dopo avere sbuffato (segno che non avete capito nulla), non vi dice proprio apertamente che non avete capito una mazza, ma prende un foglio e una penna. E vi disegna la trappola perfetta, fatta con un secchio di plastica, pezzi di legno ritagliati ad arte, collanti e nastri adesivi particolari, tutto materiale che ha in cantina.

«Vieni domattina». E la mattina dopo, davanti a voi, ecco la trappola perfetta, calibrata sulla grammatura stimata del topo con un meccanismo che vi consente di aprirla in sicurezza per liberare il sorcio quando c'è finito dentro. E dentro la trappola dello zio Vitto ci finisce prima o poi.

L'esca, sotto il nastro adesivo trasparente (e dentro al secchio), era un trito di noci inserito in taleggio DOP. Infatti, mi era sembrato di sentirlo biascicare in bergamasco «Te sarét mia zamò stöf» (non ti sarai mica già stancato), un giorno che tardavo con le vivande.

Alla fine, comunque ha vinto l'ingegno (quello di zio Vitto, non il mio), ed è stato un piacere immenso aprire pian piano la basculante e conoscerlo da vicino. Mi sono educatamente presentato e lui, sul fondo del secchio continuava a mangiare taleggio e noci senza avermi in nota. Anche maleducato!

Ho caricato la trappola con l'ospite indesiderato e ho raggiunto un bel prato in collina, a una ventina di chilometri da casa, dove adesso se la vedrà con barbagianni, gatti, bisce e donnole.

«La ricreazione è finita caro sorcio» gli ho detto, mentre lo facevo gentilmente uscire dalla trappola. Ha fatto qualche rapido passo, poi si è voltato per pochi secondi, mi ha guardato incrociando le zampine davanti ed è scomparso all'interno di un folto cespuglio di biancospino. Mi piace pensare che fosse un gesto di ringraziamento.

Ora passiamo al secondo topo che pare aver disdegnato il taleggio con le noci. Forse è sardo e anche lui ben poco riverente, anzi direi decisamente ruvido. Mi è sembrato di sentirlo bofonchiare «Astucaruggiude» (attaccati al c...) o qualcosa di simile. E allora gli ho risposto «Cat gnessa un cancher» che non traduco perché vuol dire che non avete visto Peppone ubriaco dopo avere fatto la gara a chi beveva più vodka con il dirigente sovietico, quindi non ne siete degni.

Sto confezionando l'esca e la trappola perfetta vincerà sul topo ostile.

Dopo qualche giorno

Fine della saga dei topi (forse).

Per chi avesse seguito la mia battaglia non violenta con i due topi che avevano occupato il garage, un colpo di scena potrebbe chiudere la vicenda.

Riassumendo: il primo topo (il bergamasco) è in campagna e se la vede con i suoi nemici naturali, dopo essere caduto nella trappola perfetta che sto brevettando assieme all'amico Vitto. Rimaneva il topo sardo, o presunto tale visto che quando bofonchiava non si capiva una mazza, ma l'unica frase che mi sembra di avere compreso era un'espressione già sentita nel gallurese. E non particolarmente gentile. Quindi qualche offesa in sardo mi pare di averla capita e dunque l'ho battezzato di provenienza da quella regione.

Dopo qualche giorno di pausa tra l'uno e l'altro, ho rimesso la trappola e, come esca, ho usato quel che avevo perché mi sono rotto di svenarmi a comprare i formaggi più raffinati e poi prendermi anche dei vaffa... da topi ingrati, mai contenti.

Dopo tre giorni nudda! Esca al suo posto e secchio vuoto. Chiaramente non gli piace l'esca, al bastardo! Così, ho chiamato un'amica sarda che mi ha preparato le *seadas* (in gran parte finite nella mia pancia).

A questo punto da noi si dice «Fatto 60 fai 61» e ci ho ripensato. In fine dei conti non dovevo comprare una forma di formaggio, me ne bastava un etto. Non sarei finito in un fosso per questo. Mi sono dunque recato in un negozio di alimentari sardi che sembra una gioielleria (anche nei prezzi) ad acquistare del pecorino poco stagionato (18 € / Kg) da amalgamare con la seada. Più di così?

Dopo due giorni, nudda! E che cazzo, se sei di Alghero, infame di un topo, scordati astici e aragoste. Io non sono Briatore. O quella minestra o salti dalla finestra. Finché mi è venuto il dubbio. Ma ci sarà ancora? E ho messo un'*assiette de fromages* per terra dove di solito sparivano in due ore. Il giorno dopo era tutto lì, non toccato. Questo non è mai successo. I casi sono due: o, in qualche modo è uscito come è entrato, o gli è venuto uno *sciopòne* a forza di grassi saturi. La prossima settimana dovrebbero venirmi a svuotare il garage che devo sistemare perché è un casino e solo allora sapremo la verità. Si accettano scommesse.

La saga dei topi. **Fine.**

Dove eravamo rimasti? Ah sì, al topo presunto sardo che stranamente rifiutava le seadas poste come esca sulla trappola basculante perfetta. Ho provato con seadas, pecorino sardo, pane carasau e guttiau, inutilmente al che mi è venuto il dubbio.

1) È defunto a forza di mangiare per una malattia cardiovascolare causata da ipercolesterolemia e grave sindrome metabolica. In tal caso però si deve trovare il corpo.

2) È fuggito a cercare la compagna bergamasca, magari mentre la sera ho tenuto aperto qualche minuto il garage per portarvi dentro qualcosa che era sulla macchina.

Visto che non potevo resistere alla curiosità e chi viene svuotarmi il garage non ha tempo fino a fine gennaio, ho fatto prima alcune prove lasciando le migliori esche sul terreno dove prima sparivano nell'arco di un'ora. Dopo dieci giorni, erano lì, integre. Quindi le due ipotesi reggevano.

Siccome in fondo al locale ci sono gli scaffali con le scarpe invernali o andavo in giro a cercar noci coi sandali come i frati d'un tempo, o raggiungevo le calzature adeguate alla bisogna. Ho spostato scatole e carabattole varie e a questo punto ho fatto un'adeguata perlustrazione con la netta sensazione che non avrei trovato nulla. Non ci vuole un coroner dei film americani per immaginare che un topo defunto, dopo un po' emana un profumo lontano dal calicanto. E infatti non c'era alcun topo e nessun bisogno corporale fresco. Ma ciò che ho scoperto mi ha fatto capire da dove sono entrati e usciti, molto probabilmente.

Al buio ho visto un raggio di luce entrare in un angolo in alto vicino al cancello. Guardando bene, un mattoncino si è sgretolato e c'è un pertugio dove sono appoggiate un paio di assi di legno. Allungandosi, un topo che non sia una pantegana di un chilo, ci passa eccome. E allora, ecco che tutti i tasselli vanno a posto, compresa la chiusura temporanea del pertugio in attesa del muratore.

E alla fine vissero tutti felici e contenti.

Un mese dopo

Rientro dall'ambulatorio e sono le 20 di una sera fredda d'inizio primavera. Mia moglie mi viene incontro e mi dice: «Vieni un po' a vedere». Sicuramente qualche funambolismo di Totò, il nostro gatto rosso che, ogni tanto, inventa delle genialate da cartoon (come tutti i gatti che si rispettino d'altronde).

Perché ho specificato "rosso"? A parte che qui, nel reggiano, il rosso è sempre andato di moda (dalle vacche rosse alla Resistenza e alle percentuali bulgare del vecchio PCI alle elezioni) i gatti rossi, nella mia lunga esperienza, hanno un caratterino tutto loro: lunatici, un po' scontrosi, poco inclini a farsi scocolazzare, testoni, geniali nel mettersi nei guai, ma adorabili quando decidono di stare dieci minuti sulle ginocchia a fusare sommessamente. E poi sono di una bellezza unica. Ho sempre avuto almeno un gatto rosso e sempre lo avrò fino all'ultimo attimo di vita.

Ero preparato dunque a scoprire quale guasconata si era inventato Totò, quando lo vedo davanti alla porta finestra della cucina, immobile, gli occhi fissi, la coda con un leggero movimento laterale, quasi per non fare rumore, neanche avesse visto…

Ebbene sì, sul cordolo del balcone, dove erano rimasti rimasugli di plum cake e semi per cince e codibugnoli, un piccolo topo con una sottile lunga coda, scorrazzava avanti e indietro soffermandosi, ogni tanto, a raccogliere un po' di cibarie.

A volte ritornano.

Se non altro sono stato di parola. Non solo è diventato un racconto, ma anche il titolo del libro.

Il tunnel

Quanto scrivo in questo racconto è capitato davvero a me e a un vecchio amico che si era offerto di darmi una mano e allo stesso tempo, incuriosito di osservare dei leoni da molto vicino. Purtroppo, non riuscì a vedere nulla.

Mi svegliai ancor prima che le note della *Quinta* di Beethoven si mettessero a ricordare, dal microfono del cellulare, che il destino batteva alla mia porta.

Quando avevo un impegno importante impostavo la sveglia per una sorta di rituale che da anni conservavo, ma sapevo che non ce ne sarebbe stato bisogno. Regolarmente, qualche minuto prima, gli occhi si aprivano e la mano correva a spegnere l'inutile musichetta prima ancora che partissero le note iniziali.

Squit, il gatto maschio, si era scavato un comodo giaciglio sul panno di lana in fondo al letto, proprio tra le due gambe che avevano assunto una posizione arcuata, permettendogli di dormire in una delle sue pose preferite: quella del salvagente.

Cercai di liberare prima una gamba e poi l'altra per non svegliare il felino. In fin dei conti Squit non aveva alcun impegno importante da portare a termine e non c'era ragione di fargli perdere neanche un minuto delle venti ore che dormiva quotidianamente d'inverno. La manovra fu talmente goffa che il gatto era già sul tappeto prima ancora che un piede avesse incontrato la ciabatta.

Avrei giurato di averlo sentito bofonchiare.

«Adesso non esagerare, maledizione!» mi sopresi a sibilare sottovoce. «Dormi sul panno di lana del mio letto, rischio l'anchilosi per lasciarti riposare nella tua posizione preferita e, una volta che mi devo alzare presto, devo anche sorbirmi le tue rimostranze?». Poi, stropicciandomi gli occhi, mi resi conto che stavo parlando con un gatto che aveva già percorso la scala a chiocciola e si trovava ora a pianterreno davanti alla ciotola vuota. Parlare con un gatto poteva anche starci, ma con un gatto che non era neanche più presente era un po' ridicolo.

Da molto tempo dormivo nella mia ampia mansarda da solo. Avevo subito l'ostracismo dal talamo nuziale diversi anni prima, quando un difetto anatomico congenito dell'ingresso orofaringeo, dieci chili di troppo e l'abitudine di fumare prima di coricarmi, mi costringevano a segare, durante il sonno, ettari di foresta amazzonica. Mia moglie era un'amante della natura di cui mostrava grande rispetto. Non ammetteva di dormire assieme a chi spudoratamente, nonostante una logora tessera del WWF nel portafoglio, contribuiva alla deforestazione e all'aggravarsi dell'inquinamento mondiale.

Stavo facendo queste considerazioni mentre mi versavo una tazza di tè freddo nella scodella, sbirciando dalla finestra se, nella notte, avesse fatto la comparsa ciò che temevo più di ogni cosa per il viaggio in automobile: la nebbia.

Era un'annata molto piovosa e l'eterna nemica di chi doveva muoversi nella pianura padana era stata finora clemente. Le luci dei lampioni stradali erano ben visibili a centinaia di metri e questo era confortante, ma quella che in molte città emiliane viene chiamata *la fumana*, è tanto infida quanto affascinante.

Infida perché può comparire all'improvviso mentre stai guidando rilassato e sereno con piena visibilità. Ne vedi i contorni troppo tardi e ci sei già dentro con gli evidenti rischi che questo comporta.

Affascinante quando non devi andare da nessuna parte e lei gioca a ricamare veli spessi o sottili sugli alberi, sulle case diventando a volte una coltre così spessa che ti sorprendi a chiederti qual è la via per tornare a casa. Tutto è ovattato, sospeso in un'atmosfera irreale che rende piacevole fare due passi senza una meta precisa, lasciandosi andare alle sensazioni e ai pochi rumori attutiti che seguono immagini rallentate, talvolta violate da squarci di luce improvvisi, subito soffocati dal mantello grigio.

Il fatto che ci fosse piena visibilità, dunque, non voleva dire che, appena uscito dalla città, non si potesse incontrare un banco di nebbia bello tosto.

Chi vive da tempo nella pianura del grande fiume sa che deve guidare con attenzione e dare un'occhiata lontano, nei campi dove è più facile cogliere i primi segnali della sua presenza, specialmente verso la "bassa", termine con il quale si identificano le zone che si affacciano sul Po.

Quel giorno la mia meta era esattamente al contrario, verso la montagna, oltre la quale si insinua una lingua di Toscana per poi scollinare sul mare di Liguria. Ed era proprio da una città ligure che marito e moglie, appassionati di animali, mi avevano chiamato d'urgenza per narcotizzare un leone maschio e spostarlo di gabbia.

I due erano in pensione dopo avere gestito per oltre trent'anni un importante impianto di sfascia-carrozze che avevano venduto da poco tempo. Un vasto spiazzo dietro la casa ospitava quello che si poteva definire un piccolo zoo, popolato per lo più di animali sfortunati, feriti, anziani, reietti di cui i proprietari (circhi per la maggior parte) volevano disfarsi.

C'erano alcune scimmie, cavalli, quattro tigri, poi cani, un procione, due orsi bruni e la coppia di leoni, acquistata di recente da un circo che chiudeva i battenti. Erano anziani e malandati.

Con enorme sorpresa, il giorno prima, la femmina aveva partorito un cucciolo che il maschio aveva già tentato di aggredire, come spesso capita in questi casi. Si doveva spostare di gabbia il maschio. Questo voleva dire mettere in anestesia entrambi perché nessuno si era offerto di andare a caricare il maschio dormiente sulla piattaforma di un carrello elettrico sotto gli occhi di una leonessa, con il piccolo, per quanto anziana e con i peli bianchicci.

Si potrebbe pensare che mettere in anestesia un leone sia una faccenda maledettamente complicata, in realtà, se confinato in un recinto, non è poi così difficile. Bastano una cerbottana e delle siringhe speciali a gas compressi che iniettano la miscela di anestetici.

La cosa più delicata, trattandosi di soggetti anziani, è dosare con precisione i farmaci per ridurre al minimo i rischi e avere un soggetto che dorme sul serio. Trovarsi davanti le fauci spalancate di un leone è veramente impressionante anche se dorme, perché si ha sempre la sensazione di un risveglio improvviso e ben poco gradito. Quando ti trovi davanti una bocca semichiusa e i denti di un leone che sono più lunghi della tua spanna, preghi di avere dosato bene gli anestetici. E preghi anche se non sei credente.

Nel frattempo, mi era arrivato l'sms di Pietro, vecchio amico, che aveva saputo di questa mia avventura e mi aveva chiesto se potesse accompagnarmi, per vedere dei leoni da vicino.

Partiva un paio d'ore prima di me, con la sua vettura, perché si fermava, lungo la strada, a Borgo Val di Taro dove lo aspettava un anziano parente per una rapida visita. Questa partenza anticipata, rispetto alla mia, fu la sua fortuna. Il destino e Beethoven hanno sempre ragione.

Avevo messo in auto tutta l'attrezzatura di cui avrei avuto bisogno e tutti i farmaci sedativi, anestetici, d'emergenza di cui potevo necessitare durante le procedure. Imboccai l'autostrada mentre albeggiava e sulla A 1 si susseguiva la solita interminabile teoria di camion, mentre sapevo che, dopo la diramazione verso la Liguria, mi avrebbe aspettato la tortura degli infiniti lavori in corso con rallentamenti, carreggiate a senso unico o a senso alternato e lunghi tratti a passo d'uomo.

Ero partito non prestissimo, ben sapendo che, i primi raggi del sole spesso fugavano gli eventuali banchi di nebbia. Per fare un centinaio di chilometri, non ci avrei messo meno di due ore abbondanti, ma non avevo per niente fretta e, se tutto filava via per il verso giusto, in un'oretta avrei condotto a termine il mio "safari".

Non immaginavo che, almeno quel giorno, non sarei arrivato all'appuntamento, neanche in ritardo marcio, io che sono sempre stato un maniaco della puntualità. Ma, come mi ricordava il Beethoven del cellulare, quando il destino batte alla porta, puoi rifugiarti dove vuoi. Lui entra lo stesso.

La vidi da lontano, quando la strada in salita faceva pensare di avere evitato il pericolo. Un sottile anello grigio ammantava l'entrata del tunnel. Cominciai a rallentare perché, dopo neanche un chilometro, avevo calcolato che ci sarei piombato dentro e non avevo idea se era una nebbiolina o la vera "fumana". Pietro non mi aveva detto niente.

D'altronde era già uscito prima dall'autostrada. Quando penetrai il banco di nebbia fu evidente che era piuttosto spesso. I fanali delle auto che provenivano in direzione contraria, sulle altre corsie dell'autostrada, erano sbiaditi, così come si mostravano affievolite le luci dei fari e degli stop di chi lo precedeva. Per fortuna, quella mattina, il traffico era stranamente leggero e scarso. La maggior parte dei TIR aveva proseguito sulla A1 verso Milano. La maggior parte, ma non quello che, come appresi dopo, aveva dato luogo a un grave incidente.

Non avrei mai saputo l'esatta dinamica di quanto accaduto e neanche m'interessava particolarmente. Subito dopo l'imbocco della galleria, vidi gli stop dell'automobile davanti che si accendevano e cominciai a sentire il clangore ovattato degli urti. Era iniziato un tamponamento a catena.

Mi era già capitato anni prima quando decine di auto e camion si tamponavano nella nebbia fitta tra Parma e Fidenza. In quei casi, quando senti i colpi dietro, ti viene voglia di uscire dall'auto e metterti al riparo da qualche parte. Nulla di più sbagliato perché non c'è riparo migliore della tua auto e della fortuna (o il destino della *Quinta* di Beethoven). Se esci allo scoperto, rischi seriamente di finire sotto il cofano di auto o camion che arrivano troppo veloci.

Sì, certo, stando dentro rischi di essere tamponato, talvolta pesantemente, ma è preferibile subire un tamponamento preparati, in posizione adeguata e con l'aiuto degli airbag, piuttosto che essere tranciati dal metallo di un veicolo che arriva con una frenata lunga a causa della velocità eccessiva.

Quella volta mi andò bene. Beethoven non suonava per me, ma per decine di altre persone alcune delle quali, come poi appresi dai TG, erano in condizioni molto gravi. Così, memore di quella volta, frenai dolcemente, accesi al volo le doppie frecce mentre vidi chiaramente l'auto davanti sbandare e tamponare violentemente quella davanti a lei per rimanere poi fumante di sbieco sulla corsia oscurata da una ben scarsa illuminazione.

Istintivamente guardai nello specchietto retrovisore e vide due fari molto lontani, almeno un paio di chilometri, giudicai. Afferrai la torcia dal bauletto anteriore, scesi dall'auto, aprii il baule e mi gettai addosso una larga blusa gialla coi catarifrangenti che tenevo sempre pronta.

La torcia era a led, molto potente e aveva il dispositivo automatico *accendi/spegni* che azionai immediatamente. L'auto ormai era a duecento metri, ma avevo già azionato l'hazard e tenevo la potente torcia davanti a me. L'auto rallentava senza sbandare e s'intuiva una frenata efficace. Lo stesso, avvertiti dall'hazard, fecero i veicoli dietro a quell'auto e finalmente il rumore degli urti terminò.

Cominciai dunque a correre in avanti verso le auto coinvolte, quando i mei occhi videro una scena che nessun film poteva immaginare. Decine di ali bianche svolazzavano lungo il tunnel che si riempiva ora di suoni rauchi e inconfondibili, almeno per me. Un camioncino che trasportava un migliaio di pollastre bianche aveva tamponato un TIR pieno di prodotti agricoli. Le barre laterali avevano ceduto, nell'urto, e centinaia di galline si erano riversate nella galleria, dando luogo, sotto le lampade gialle, a uno spettacolo fantasmagorico di ali in volo basso e di piume e penne sospese a mezz'aria. Aria greve e stagnante che s'impregnava dell'odore di nafta, olio e benzina.

La galleria, piuttosto lunga, aveva alcuni pertugi dai quali entrava un po' di aria pulita. Decine di galline s'infilavano in questi anfratti e si lasciavano cadere sull'erba guadagnando un'insperata libertà.

Mentre guardavo affascinato questo spettacolo inconsueto, mi accorsi del barboncino fulvo che giaceva sull'asfalto a pochi metri dall'automobile che era stata tamponata da quella davanti a me. Dell'autista, che aveva tamponato, non vedevo traccia nell'auto. L'airbag era esploso e forse era riuscito a uscire dalla porta del passeggero. Dall'auto davanti invece, quella tamponata, si vedevano braccia che allontanavano l'airbag e frugavano la maniglia per uscire dalla porta del conducente.

Era una donna che urlava un solo nome e lo ripeteva con voce sempre più roca. Il cristallo si era rotto e quel nome si udiva benissimo in mezzo al chiocciare delle galline. «Lulù, Lulù, dove sei… Salvate la mia Lulù!» urlava disperata la donna anziana con un taglio sulla guancia che sanguinava.

Un colpo alla porta ormai divelta dall'urto e la presi per le braccia supplicandola di stare ferma e non provare a uscire. I vetri erano ovunque. In quel momento sentii le sirene dei mezzi di soccorso che avanzavano veloci. Ben presto due paramedici scesero da un'ambulanza e io gli urlai di rassicurare la signora che c'era già un veterinario e che si stava occupando della sua Lulù.

In effetti c'era. Ero io che, presa la borsa medica dal baule, in due balzi piombai sul corpo del cane. Se non altro respirava, anche se con un contraccolpo un po' troppo deciso, ma le mucose erano rosate, segno che non era in debito di ossigeno. L'auscultazione del cuore era nella norma. Solo un modesto soffio mitralico che sicuramente il cane aveva già di suo. Il problema era sul bacino, perché a toccarlo in quella zona, si ribellava e tentava di mordere. Buon segno, come buon segno era la reattività degli arti, pinzando piedi e mani, altro segno fondamentale: non c'era una lesione del midollo spinale. La respirazione era così per il dolore, ma questo si poteva lenire.

Iniettai un derivato della morfina e un potente antiinfiammatorio e, dopo alcuni minuti, la respirazione era già migliorata. Le fratture ossee, in questi casi, sono l'ultima delle preoccupazioni, perché in qualche modo si sistemano. L'importante erano i segni vitali, tutti più che soddisfacenti.

Mi recai sull'auto a prendere un telo e, con l'aiuto di un'altra persona che non aveva subìto danni, lo passammo piano piano sotto il corpo del cane. Tenendolo più pari possibile, lo adagiammo sui sedili posteriori dell'auto.

Nel frattempo, stavano caricando la signora sull'ambulanza e io sentivo sempre quel lamento anche se più fioco: «Lulù...Lulù...». Mi avvicinai al mezzo e i paramedici mi riconobbero lasciandomi entrare per parlare con la donna. «Sono un veterinario» le dissi, «e le assicuro che lei rivedrà la sua Lulù».

Ebbi l'impressione di un sorriso. Dopo un paio d'ore i soccorsi sgombrarono la corsia e lentamente il traffico riprese. Alla prima uscita, c'era la fila ma c'era la corsia Telepass e la sbarra si alzò permettendomi di fare un'inversione (non consentita) e rientrare in autostrada. Sulla corsia del rientro si procedeva normalmente e la nebbia intanto si era dissolta.

Chiamai Pietro che non si era accorto di niente. Era rientrato ben prima in autostrada e ora si trovava parecchi chilometri più avanti della galleria in cui era accaduto l'incidente. Chiamai poi in clinica avvertendo del mio arrivo con un cane che aveva subìto un grave incidente e infine avvertii i liguri di quanto era accaduto. Per fortuna il maschio si era messo tranquillo, anche perché la femmina gli aveva allungato due zampate di quelle serie e convincenti. L'appuntamento era spostato al giorno dopo.

Arrivato in clinica, tutti volevano occuparsi del cane dell'anziana signora che, per fortuna, aveva una modesta contusione polmonare e una piccola frattura del bacino che avrebbe richiesto solo riposo e si sarebbe saldata senza interventi chirurgici. Nulla di più. La Lulù, a dispetto delle prime impressioni dovute all'urto, dopo poche ore zampettava già nella gabbia per uscire.

Qualche telefonata e venni a sapere che la donna era ricoverata in discrete condizioni all'ospedale di Pontremoli, il piccolo comune più settentrionale della Toscana, nella suggestiva Lunigiana. La signora andava a trovare sua sorella ad Aulla, a pochi chilometri di distanza. Riuscii a parlare con un parente e gli dissi di rassicurare la signora Rosa, questo il suo nome, che la sua Lulù stava bene e il giorno dopo, dottori permettendo, avrebbe potuto rivederla.

Il giorno seguente c'era il sole e neanche una traccia di nebbia. Giunto all'ospedale di Pontremoli, i medici sorridenti consentirono alla signora Rosa di scendere su una sedia a rotelle e abbracciare la sua Lulù. Tentò di alzarsi per abbracciare anche me, ma fu io a prenderla, ancora una volta, tra le braccia e sfiorarle il volto.

Ci lasciammo con un sorriso e lei che mormorava in continuazione: «Grazie, grazie, grazie, grazie dottore, grazie…». La Lulù venne affidata al fratello della signora che era ben felice di tenerla fino alle sue dimissioni.

Dopo un mese, una mattina sul tardi, mentre uscivo dalla sala operatoria dove mi occupavo, da anni, di anestesia una collaboratrice mi disse di andare in sala d'aspetto. «Dai, non ho tempo…». «Vai in sala d'aspetto, credimi». Aprii la porta. La signora Rosa aveva una gonna a fiori lilla e in braccio la Lulù. Dietro, due persone avevano riempito la sala di scatole, cabaret, cestini con ogni ben di Dio: tortelli fatti in casa, funghi porcini, torte di mirtilli e lamponi.

«Grazie dottore…».

Buon Natale anche ai rospi

Se non avessi avuto la passione per gli animali più strani dedicando buona parte della mia vita professionale alle loro cure, non avrei conosciuto Carletto e il suo rospo che mi hanno regalato un ricordo piacevolmente indelebile.

Era il giorno di Santa Lucia. La signora, che aveva preso appuntamento e che ora mi trovavo dinanzi, era una donna già avanti negli anni e conservava i tratti di una signorilità d'altri tempi. Parlava lentamente, in modo forbito, con la *erre* leggermente moscia: quel moscio appena accennato e assolutamente naturale, assai gradevole ad ascoltarsi.

La signora aveva portato in ambulatorio uno splendido incrocio fra un certosino e un persiano, uno di quei gatti con lo sguardo fiero e impavido del certosino e le movenze dolci e paciose del persiano. Il colore del mantello era grigio fumo uniforme e il pelo era corto e morbido. Ne avevo visti pochi di gatti così belli.

Qual era dunque il problema di questo splendido felino? Apparentemente nessuno. Fra tutti i presenti in ambulatorio era certamente quello che stava meglio. Il problema era insorto, in realtà, alla signora stessa la cui pelle si era riempita di macchie rotonde ad anello, leggermente arrossate alla periferia e più chiare al centro. Per dirla in termini molto comprensibili la signora aveva contratto una micosi (volgarmente *tigna*). La diagnosi naturalmente era stata posta dal suo dermatologo.

Dato che praticamente tutta la famiglia, compreso il nipotino di cinque anni, aveva contratto questa fastidiosa infezione e dato che la patologia si era evidenziata, grosso modo, dopo l'arrivo del bellissimo micio, il medico aveva attribuito tutte le colpe al felino che avevo davanti agli occhi e aveva intelligentemente invitato la sua paziente a consultare un veterinario.

Molti medici, soprattutto pediatri e ginecologi, quando vedono un bambino con una vescicola o una donna incinta, vengono colti da un terrore ancestrale nei confronti del gatto che diventa una sorta di untore, capace di apportare pestilenze di ogni genere. Si trasformano dunque in ministri della Santa Inquisizione e decretano, senza alcun regolare processo, l'ostracismo dell'ignaro e spesso innocente felino.

Devo dire, per la verità, che, negli ultimi decenni, i medici hanno compiuto numerosi passi avanti in questo campo anche se la convivenza tra la donna incinta e il gatto è tuttora vista con grande (e infondato) sospetto da parte di molti ginecologi.

Tutto ciò a causa di una malattia, la Toxoplasmosi, che può raramente creare seri problemi al nascituro e che, nella stragrande maggioranza dei casi, è causata dall'ingestione di verdure mal lavate e carni poco cotte. Oltretutto, con un semplicissimo stratagemma, il cambio della lettiera quotidiano, il felino non è in grado di trasmettere questi protozoi nella loro fase pericolosa. Chiusa digressione.

Un'accuratissima ispezione del gatto non metteva in evidenza alcuna lesione riferibile a dermatiti da funghi, ma si sa, qualsiasi organismo vivente può essere semplicemente portatore di una malattia, senza peraltro mostrarne i sintomi.

In effetti, l'esame colturale dei peli superficiali del gatto mostrava la presenza di funghi patogeni. La cosa interessante da indagare era se il gatto aveva introdotto in casa la malattia, caso singolare, in quanto proveniva da una famiglia che non gli aveva mai permesso il contatto con altri gatti, o se qualche familiare avesse contratto la malattia, in palestra, in asilo, o magari in piscina, e avesse infettato poi il gatto, cosa altrettanto strana, in quanto i funghi che albergano nelle piscine non sono solitamente quelli che la mia coltura aveva evidenziato.

Messo comunque in terapia il gatto, rivedevo la signora dopo dieci giorni. Ho sempre amato la fantascienza e i gialli di buon livello; dunque, anche in questo caso dovevo sapere chi era il colpevole.

Escludendo l'intervento degli alieni, mi rimanevano un uomo e un gatto, quali primi indiziati. Dopo una sorta di terzo grado, condotto con adeguato fair play, apprendevo dalla gentile signora che il giovane nipotino era stato il primo a contrarre la malattia ed era anche la persona che vantava maggiori frequentazioni e contatti con il micio. Questo aggravava la situazione giudiziaria del piccolo felino.

Ma... c'era un ma. Il bimbo in questione aveva, da circa un mese, una strana e originalissima passione. Si era affezionato a un rospo trovato in giardino. Si trattava di un rospo buono, pulito, grassoccio. Un rospo educato che non secerneva sostanze irritanti e si lasciava maneggiare soltanto dal bambino senza opporre alcuna resistenza, anzi si abbandonava a un'evidente sensazione di benessere psicofisico, offrendo la pancia alle paffute mani del pargolo. Il bambino era certo che il rospo fosse in grado di capire le sue parole e i genitori, viste le sue insistenze, gli avevano permesso di tenerlo a stretto contatto, anche a letto talvolta.

L'anfibio che andai a visitare se ne stava sprofondato su di una morbida poltrona di velluto, sotto gli occhi vigili di Carletto. Apparentemente sembrava un rospo in piena salute, se non fosse stato per quelle piccole chiazzette ad anello che aveva sulla pelle, più chiare al centro e più rosse ai bordi, che erano state interpretate dai genitori, come una caratteristica della sua variegata livrea.

Il rospo era stato accasato almeno venti giorni prima che arrivasse il gatto. Avevo finalmente trovato il colpevole che, naturalmente, come nella tradizione del migliore thriller, non era uno dei due maggiori indiziati. Il medico che aveva visitato la signora aveva fatto un buon lavoro, ma non completamente. Aveva condannato sommariamente il gatto, mentre il colpevole era il rospo. Ottimo medico, ma pessimo giudice. Grazie alla mia passione per i misteri e a un certo perfezionismo professionale, di cui i miei colleghi sovente mi accusano, avevo ristabilito la verità.

La cosa molto più ardua è stata far capire al bimbo che il rospo doveva essere ricoverato a lungo in un ospedale per batraci e che non erano concesse visite dei familiari, essendo degente in un reparto di malattie infettive. Una volta guarito, si poteva rivedere la situazione e se ne sarebbe parlato allora.

È stata veramente dura convincerlo. Ci sono voluti due lunghi e intensi colloqui. I veterinari, per fortuna, hanno spesso un grande potere nei confronti dei bambini. Essi sono consci del fatto che, dal nostro operato, dipende la vita o la morte dei loro *fratellini*, ma soprattutto sono rassicurati dal fatto che i veterinari non piantano loro cucchiai in gola o termometri nel sederino, per cui non li temono, come accade per gli odiati medici e dentisti.

Senza strilli e lacrime, alla fine, Carletto mi ha offerto fiducioso, sulla sua mano grassottella, il rospo che ho dolcemente deposto in un apposito terrario da trasporto, praticamente una piccola ambulanza per batraci, con tanto di croce azzurra sulle pareti, rimediata mediante due sottili strisce di nastro adesivo colorato.

Sono veramente contento di avere risolto una storia dai risvolti misteriosi, ma sono soprattutto soddisfatto di aver sottratto l'anfibio a coperte odoranti di lavanda e a pavimenti profumati di

cera, restituendogli un dignitoso Natale, tra le foglie fradice e la melma di un fosso di campagna.

Buon Natale anche ai rospi.

La mosca

Di questo incidente ne ha parlato la stampa nazionale tanti anni fa. La causa non è certa, ma la più probabile, visto il perfetto stato di salute del giovane uomo, è la distrazione: forse per cacciare dal veicolo un noioso insetto.

«Dai papà, faccela vedere dentro» urlavano i ragazzini, accarezzando le portiere della nuova automobile.

«Ragazzi, datemi almeno il tempo di salire. Ehi, tu Roberta! Stai attenta con quelle tue unghiette da gatto. D'accordo che la vernice è assicurata per una vita, ma non credo che l'assicurazione copra i danni vandalici di una bambina con le unghie lunghe... e sporche, tra l'altro».

L'uomo scese dal nuovo gioiello che aveva portato a casa. Aveva lavorato duramente per vent'anni, ma quello che era sempre stato il suo sogno oggi si era avverato. Una Jagra ibrida fiammante verde bottiglia pagata 60.000 euro con un leasing di 10 anni. Ci aveva fatto la croce con i denti. Neanche il direttore della banca dove lavorava aveva un'automobile simile e non vedeva l'ora, il giorno seguente, di parcheggiarla davanti alla filiale.

Ne aveva fatti di straordinari e di sacrifici e qualche volta si era sentito in colpa per averli imposti anche alla famiglia.

Sua moglie era una santa donna e non chiedeva altro che soddisfare le esigenze elementari dei due bambini, avuti in tarda età. Due settimane l'anno al mare perché il dottore affermava che il sole li faceva crescere meglio.

Stesso posto, prenotato a Pasqua come di consueto ogni anno, stessa pensione sulla riviera romagnola, dove i costi erano contenuti e il mare non era certo quello di Sardegna, ma il sole ad agosto c'era e ci si poteva accontentare, perché le profonde ferite lasciate dal Covid al paese, avevano costretto varie famiglie che conosceva a prendere il sole sul balcone di casa.

Quanto all'abbigliamento, ai ragazzi bastavano vestiti decenti per andare a scuola con dignità. Per lei non aveva mai reclamato niente, vedendo che il marito si negava tutto. Aveva smesso di fumare, di bere di uscire a cena con gli amici. Costava tutto troppo. D'altronde era un brav'uomo. Non l'aveva mai offesa seriamente né mai aveva osato alzare la mano su di lei. La domenica mattina l'accompagnava alla messa delle 11, tenendola per mano, come quando erano fidanzati.

Magari, adesso che aveva coronato il suo sogno a quattroruote, si poteva pensare all'acquisto di due lettini nuovi per i bambini. Il letto a castello dove dormivano ormai non bastava più. E poi, i bambini erano fratello e sorella e crescevano alla svelta, con tutti i problemi, gli interrogativi e le curiosità di chi comincia a lasciarsi dietro l'infanzia e deve affrontare il difficile periodo dell'adolescenza.

«Avanti ragazzi, tutti dentro, ma piano mi raccomando. Fate piano e toglietevi le scarpe, altrimenti mi riempite subito la moquette di sabbia. Vieni anche tu, amore. Sarà un gioiello?».

Parlava forte e alcuni vicini, si erano affacciati alle finestre. L'ingegnere che confinava aveva smesso di innaffiare il giardino e sbirciava attraverso la siepe di bosso.

Erano tutti e quattro all'interno della vettura e il papà faceva da cicerone. «Ragazzi ha tutto, ma proprio tutto».

«Anche l'aria condizionata, papà?» chiese Roberta i cui interessi erano ben lontani dai motori.

«Ma figurati se non ha l'aria condizionata!» la canzonò il fratellino, «quella ce l'hanno anche le macchine indiane ormai!».

«Aria condizionata? Guarda qui» le rispose il padre orgoglioso. Aveva in mano un piccolo telecomando e si mise a trafficare con led gialli e arancioni.

«Con questo pulsante imposti la temperatura che vuoi e con questa piccola trackball puoi fare girare l'aria fredda o calda davanti o dietro o di fianco, impostare la climatizzazione su quattro postazioni diverse e dialogare con il cellulare in modo da attaccare il climatizzatore anche da remoto».

Alberto venne in aiuto a Luciana che aveva l'espressione dubbiosa di chi non ha capito un accidente. «Allora Lucy, stammi a sentire. Qui dentro siamo in quattro: mettiamo che ognuno desideri una temperatura diversa. Attraverso il telecomando papà può creare un clima diverso per ognuno di noi e, quando andiamo al supermarket, se la macchina rimane al sole e scotta, attraverso il cellulare papà può accendere il climatizzatore dieci o venti minuti prima che ci entriamo, così sarà già fresca. Una figata».

«Alberto, sai che non ti voglio sentir parlare in questo modo» lo riprese la mamma mentre il papà rideva di gusto.

«Ehi, papà che succede?» chiese il bambino battendo in ritirata, «C'è qualcosa che non va nel sedile. Scotta».

«Ah, ah» lo prese in giro papà, sempre più divertito e orgoglioso. «Ti ho acceso il riscaldamento del sedile per l'inverno. Vi ho detto che c'è tutto qui dentro. È un concentrato della migliore tecnologia moderna. Cinture!» ordinò a voce alta. Silenziose le cinture di sicurezza si misero in movimento avvolgendo i corpi dei passeggeri.

«State a vedere». Schiacciò un pulsantino blu e dal cruscotto uscì un piccolo bar con tanto di patatine croccanti e due bitter freschi. Schiacciò un tasto bianco e, da una bocchetta, uscì un bicchiere di plastica pieno di ghiaccio finemente tritato. «Tre tipi di granatine: menta, tamarindo e limone».

Accese il navigatore satellitare e lo impostò. Un'aggraziata voce femminile, dopo una breve panoramica sulle condizioni meteorologiche della meta, gli chiese gentilmente di invertire la rotta e di prendere la prima a destra. La moglie e i due bambini guardavano con occhi sgranati questo tourbillon tecnologico senza fine.

«Dai, papà» lo esortò Roberta, «accontenta la signorina, se no si arrabbia. Vediamo se ci prende. La mamma di una mia amica dice che non servono a niente, perché fanno solo della confusione».

«Di' alla tua amichetta che la sua mamma non se ne intende. O l'hanno consigliata male, o ha voluto risparmiare e si è comprata un'auto con un navigatore preistorico da due soldi. Tanto valeva se comprava un atlante geografico. Risparmiava ancora di più. Adesso vedrai se questo fa della confusione e, per complicargli la vita, gli diamo anche una meta che comprenda la nuova superstrada inaugurata il mese scorso. Il venditore mi ha garantito che gli aggiornamenti sui percorsi arrivano in tempo reale. Vediamo».

Ingranò la retromarcia e partì seguendo le istruzioni della gentile signorina. Teneva il motore allegro, scalando le marce per fare apprezzare la potenza e l'elasticità del cambio automatico.

«Ma papà...» chiese il ragazzino, «e se uno vuole guidare cambiando le marce quando ne ha voglia?».

Il papà schiacciò una piccola levetta di fianco alla cloche. «Ecco qui: adesso è in manuale e posso guidare in modo sportivo o comunque come piace a me».

Un allarme cominciò a suonare e un paraurti giallo prese forma sul display. «Niente paura. Un imbecille si è avvicinato a meno di tre metri dal paraurti posteriore e se dovessi frenare improvvisamente mi tamponerebbe di sicuro, perché non ha rispettato la distanza di sicurezza per questa velocità». Gli fece cenno di passare e l'imbecille lo superò sgommando. «Testa di...» imprecò sottovoce, «se non ci fossero loro a bordo te lo farei vedere io!».

Restando in manuale scalò la marcia mettendosi all'inseguimento della vettura che l'aveva superato. Pochi minuti e si trovarono a percorrere la superstrada a due corsie. Non voleva passargli davanti, ma neanche farsi dare la polvere. Gli tenne dietro fino a che sua moglie gli toccò appena il ginocchio. Aveva superato il limite di oltre trenta chilometri orari. I ragazzini si divertivano. La signorina disse gentilmente: «Continuare a seguire la strada per otto chilometri».

Improvvisamente sul display di bordo si posò un grosso moscone. Copriva completamente il riquadro dove si accendeva la spia dell'olio. Infilò veloce la mano fra le razze del volante e tentò di scacciarlo. Per un attimo l'insetto se ne andò. Ricomparve sulle patatine del bar aperto. Uno schiaffo fece volare mosca e patatine. Ancora sulla stanghetta degli occhiali. «Maledetta mosca!».

Aveva quasi raggiunto la vettura davanti e con la mano scacciò nervosamente l'insetto. La moglie gli toccò due volte il ginocchio. Non sorrideva più. Aveva superato di cinquanta chilometri il limite massimo di velocità. La grossa mosca si incollò al vetro di lato al guidatore. Azionò la discesa lenta del vetro e un vortice d'aria calda entrò nell'abitacolo. La mosca riuscì a rifugiarsi nella guarnizione in basso. Quando il vetro si richiuse riapparve con la sua inconfondibile sagoma nera sull'alettone antisole.

«Dai papà, che l'abbiamo preso!» urlarono i ragazzini.

L'insetto alato girò per l'abitacolo ronzando e improvvisamente piombò, da dietro, sulla lente interna dell'occhiale. Ora ci vedeva solo con un occhio. Si cavò gli occhiali per un attimo e azionò la discesa veloce del vetro di lato. Non lo vide. La vettura davanti sterzò pericolosamente e lui non capì fino a quando l'impatto con il grosso pneumatico non gli fece saltare la corsia.

Il camionista vide un baleno verde davanti al muso dell'enorme TIR.

Il poliziotto era giovane e contemplò la scena con un misto di nausea. Quattro morti. Un'intera famiglia. Una macchina che la pubblicità ogni giorno mostrava in TV mentre si lanciava a velocità pazzesca contro un muro con un uomo in carne e ossa al volante. Mentre l'uomo usciva illeso dopo l'impatto, compariva una scritta sottolineata dalla voce suadente di una donna: «Jagra: neanche più la libertà di suicidarvi».

«Cacciate via quel lurido moscone dagli occhi di quell'uomo e coprite meglio la bambina» urlò l'agente a due giovani in tuta arancione. Uno dei due si voltò verso l'agente con le mascelle serrate. «Va bene, va bene, scusa ragazzo, hai ragione» lo prevenne il poliziotto con la mano destra tesa verso di lui, «ognuno sta facendo al meglio il suo lavoro. Scusa ancora. È una brutta giornata».

La mosca prese il volo nel vento caldo e si posò in agguato sul guard rail bollente, come contemplasse soddisfatta la scena.

Povera stella!

La povera stella *era alta meno di una spanna ma è quasi riuscita a farmi morire e, ancora oggi, non so se per un virus o per la paura.*

Doverosa annotazione: a quei tempi era concesso comprare, vendere e detenere quasi ogni specie di animali, scimmie comprese.

Al telefono la signora parlava con un accento emiliano molto pronunciato. Le vocali erano esageratamente aperte e la "s" era un vero e proprio soffione boracifero.

È uno dei miei divertimenti preferiti. Spesso, quando mi trovo in un ristorante, specialmente in una grande città, mi sintonizzo sulla frequenza degli avventori, seduti al tavolo di fianco, e cerco di indovinare la loro zona di provenienza. Non è la prima volta che, roso dal dubbio, mi avvicino al tavolo e, con la classica scusa dell'accendino, chiedo con fare innocente: «Di dove siete?».

Quando capita, mia moglie, che è un po' timida, cerca affannosamente un tombino nel quale scomparire. Tutto perché una volta, all'interno di un bel ristorante del buon ricordo, un tipo apparentemente di belle maniere mi ha risposto: «E a te, che te frega?».

Scontroso il tipo. Comunque era di Latina. L'ho chiesto al cameriere mentre pagavo il conto.

«La signora, da dove chiama?» le chiesi.

«Mo da Bologna, dottore» rispose.

«Ci avrei giurato. Ha un accento magnifico. Proprio da vera bolognese. Mi dica tutto. Che problemi ha con la sua scimmietta?».

«Senta mo bene. La colpa è mia, solo mia, perché ho aperto la finestra della sala che stava venendo giù l'ira di Dio. Vento, acqua, grandine. Un lavoro da non credere. Sa, volevo chiudere gli scuri. Non mi sono mica accorta che mi era venuta dietro e stava lì, sul tavolino del telefono a prendersi tutto il freddo. Adesso ha la tosse e mangia poco, *povera stella*. Prima saltava che sembrava un grillo, adesso è tutta mocca, che sembra uno straccio da lavare per terra».

Nel primo pomeriggio avevo davanti ai miei occhi, sul tavolo da visita, la *povera stella* che, nel frattempo, aveva ripreso un po' di vigore e non pareva minimamente intenzionata a farsi visitare accuratamente.

Era una piccola scimmietta sudamericana, un Saimiri detta anche *Testina di morto*, per il particolare disegno del muso che, a prima vista, ricorda un piccolo teschio peloso. Peraltro, la descrizione è un po' ingenerosa perché si trattava di un vero e proprio gioiello miniato della natura. Alta poco meno di un palmo, aveva una coda lunghissima, non prensile. Dalla bocca chiusa emetteva, come un abile ventriloquo, una sorta di squittio aspro e ripetuto, ad altissima frequenza.

In effetti la respirazione era accelerata e, ogni tanto, emetteva piccole bollicine trasparenti dalle narici. Quello che più mi preoccupava erano dei transitori momenti di sonnolenza che sembravano coglierla all'improvviso, magari dopo aver dimostrato la sua abilità di giocoliere, facendo ruotare velocemente una matita fra le mani.

«Sarà bene fare una radiografia del torace» dissi alla signora.

«Mo ben bene, dottore. Tutto quel che vuole. Mi dica, la posso aiutare in qualche modo?».

Oggi, anzi da diverso tempo, le regole sono giustamente inflessibili. I proprietari non devono aiutare il medico nell'esecuzione di radiografie, anche se protette da camici piombati. Devono essere in una zona isolata dalle radiazioni. Allora le regole erano molto più labili e, in questo specifico caso, non sarei mai riuscito a contenere una scimmietta da solo. Però informai la signora che si mise a ridere.

«Dottore, alla mia età sarà difficile che sia incinta e non credo morirò per una lastra». Indossammo i camici piombati e a lei diedi anche due guanti flessibili e leggeri, ma schermati con il piombo. Dopo venti minuti di battaglia, riuscii a scattare una radiografia un po' mossa, ma insomma accettabile, come valutai dopo lo sviluppo.

Naturalmente era impossibile pensare di maneggiare una scimmietta di tre etti scarsi con i guanti piombati, per cui lavorai a mani nude, assorbendo le dovute radiazioni. Anche questo era ed è oggi severamente proibito, ma devo confessare che ho trasgredito più volte (e con me migliaia di colleghi). Sono ancora qua a raccontarlo, dopo trent'anni, senza calcolare gli anestetici respirati sempre per anni (ero e sono ancora il responsabile di anestesia della struttura).

Appena riuscì a mettersi in piedi la *povera stella* fece due balzi e mi piantò una decina di dentini aguzzi nel pollice carnoso (il sinistro per amor di precisione). Poi si ritirò fra le braccia della *mammina*.

«*Povera stella*. Mo hai morsicato il dottore? Mo *povera stella*, guarda come respira male!». Ero certo si riferisse alla *povera stella* e non a me che trattenevo il fiato per il dolore.

«Vado a sviluppare» dissi alla signora minimizzando l'accaduto e afferrando, non visto, iodio, alcool, acqua ossigenata e mercurocromo. Andai a leccarmi le ferite in camera oscura.

Dal momento che avevo già avuto a che fare diverse volte con le scimmie, ero informato sulle numerose malattie che questi nostri cugini pelosi ci possono trasmettere. Tubercolosi, vaiolo, epatiti, rabbia, coriomeningite linfocitaria, morbillo (già avuto, per fortuna) e altre simili pinzillacchere, ma le più temibili erano le encefaliti virali che avevano già fatto diverse vittime fra i ricercatori e gli addetti agli stabulari dei primati, nei laboratori di ricerca.

A metà degli anni Sessanta fece molto scalpore la morte di sette persone che erano state a contatto con alcune scimmie provenienti dall'Uganda e dirette nei laboratori di una ditta farmaceutica tedesca. Venne isolato un virus che prese il nome dalla città, sede dei laboratori dove avvenne l'incidente: Marburgo.

Mentre tamponavo la ferita alternativamente con quattro tipi di disinfettanti diversi, pensavo che il virus di Marburgo era solo uno degli ultimi arrivati. Mi pareva di ricordare che altri virus, ancora più temibili, fossero responsabili di gravi malattie trasmesse dalle scimmie all'uomo, ma al momento non ricordavo bene quali specie di primati erano coinvolti con precisione.

Mentre la lastra si stava fissando, sfregavo sempre più vigorosamente la ferita e premevo intorno al pollice, per fare uscire il sangue, che zampillava da sottilissimi fori. Spolverai abbondantemente il dito con una polvere contenente una miscela di tre potenti antibiotici, misi un cerotto e uscii dalla camera oscura.

Dal bordo del cappellino rosso, che la cliente bolognese teneva in mano, spuntavano due manine e due occhietti maligni che mi guardavano con un misto di preoccupazione e di carognesca soddisfazione.

«Signora» chiesi mentre guardavo la lastra al negativoscopio, «dove ha acquistato questa scimmietta?».

«Ah, caro il mio dottore» mi rispose abbassando la voce a un bisbiglio, «questo non potrei proprio dirlo, ma voi siete come i preti, bisogna confessarvi tutto, no? Mio figlio l'ha portata a casa dal Brasile, nascosta dentro la tasca del giubbotto. Non l'ha vista nessuno. Credo che non sia del tutto legale, ma ormai è fatta».

Mi venne un colpo! Non aveva fatto neanche la quarantena.

«Non sono un prete» sibilai a voce bassa, non udibile, «e da molto tempo non frequento l'ambiente, ma ricordo una chiesa dove servivo messa da ragazzino. Avevano dei ceri alti due metri. Mi sa che stasera, al vespro, ci sarà un credente in più sui banchi e un cero in più acceso!».

«Cosa dice dottore?».

«Niente, niente signora... Dicevo che la scimmietta ha un inizio di broncopolmonite. Per fortuna non ha perso molto la sua vivacità e mangia ancora qualcosa, per cui speriamo di salvarla. Sa, sono animali molto delicati».

«Mo *povera stella*!» fu il commento finale della simpatica donna bolognese.

Dopo una settimana, la signora mi telefonò per informarmi che la scimmietta stava molto meglio, ma dava ancora qualche colpetto di tosse.

«Ci sarà da fare un'altra lastra, dottore?» chiese.

«Per l'amor di Dio!» risposi terrorizzato, «Non è neanche il caso di pensarci. Sarebbe estremamente dannoso stressare ulteriormente quella *povera stella*!». Fui convincente.

Nel frattempo, mi ero completamente dimenticato del mio dito. Me lo ricordai dopo dieci giorni dall'incidente quando, dopo una notte insonne e agitata, mi alzai stanco e sudato. Feci fatica a trascinarmi in strada, dove il postino mi attendeva per consegnarmi un pacco proveniente dagli Stati Uniti. Si trattava della settima edizione del *Kirk*, famosissimo e autorevole testo sulle malattie degli animali da compagnia.

Tornai a letto dopo aver messo un termometro sotto l'ascella. Quasi 40°. Mal di testa feroce, male alle ossa e nausea.

«Mi sarò beccato l'influenza» tentavo di autoconvincermi, mentre l'immagine della scimmietta che piantava i dentini nel pollicione si impadroniva della mia mente, come un polipo si avvinghia allo scoglio.

Nonostante gli antibiotici e gli antipiretici febbre e mal di testa non passavano. Si attenuavano giusto un'ora per poi riprendere come prima.

La mattina, dopo un'altra notte tempestosa, aprii il pacco di cartone contenente il volume americano e guardai svogliatamente i titoli. Nella sezione dedicata agli animali esotici c'era un capitolo intitolato *"Virus diseases of primates: Their ha-*

zard to human health", ovvero: "Malattie da virus dei primati: i loro rischi per la salute umana".

Cominciai a leggere - è il caso di dirlo - febbrilmente il paragrafo dedicato all'encefalite da Herpes B. Tempo di incubazione: dieci, venti giorni. Sintomi: febbre, mal di testa, nausea. Modalità di trasmissione all'uomo: morso di scimmia. Sintomi nella scimmia: raffreddore, congiuntivite, ulcere sulla lingua. Documentati ventiquattro casi nell'uomo. Morti ventitré. Terapia: nessuna nota.

Sentivo la febbre che saliva ulteriormente e la gola sembrava il cratere di un vulcano dopo una violenta eruzione. Non c'era più neanche una stilla di saliva.

L'autore concludeva scrivendo che questa malattia colpiva soltanto le scimmie africane e *non quelle americane*. Un po' di saliva tornava a bagnare la gola riarsa. La *povera stella* veniva dal Sud America.

Il successivo scarno paragrafo si occupava del recente isolamento, nelle scimmie del genere Saimiri, di un virus denominato Herpes T di cui, al momento, si sapeva ben poco. Sembrava meno pericoloso dell'Herpes B, ma poteva certamente causare gravi encefaliti nell'uomo, come dimostrava il recente caso di un ricercatore morsicato da una scimmia di quella specie. L'articolo finiva lì. Non era dato sapere se il ricercatore avesse continuato a ricercare, qui sulla terra o in cielo.

Mi attaccai al telefono. Cominciai a interpellare la prima istituzione che, nella mia beata ingenuità, credevo mi potesse aiutare: mamma Università.

Il professore con il quale riuscii a parlare sapeva tutto sul morbo di Aujesky dei maiali, sulla malattia vescicolare, l'afta, l'IBR dei bovini ecc. Per quanto concerne le scimmie aveva visto sì e no i programmi di Angelo Lombardi e Andalù* e qualche nuovissimo documentario di Piero Angela.

Telefonai all'Istituto Superiore di Sanità a Roma, per sapere se esistesse, nel Bel Paese, un laboratorio in grado di effettuare analisi sui virus erpetici dei primati. Dopo aver parlato con una decina di funzionari e dopo *non* aver parlato con una decina di *fuoristanza*, ebbi la certezza che se avessi interpellato direttamente una scimmia avrei ottenuto informazioni ben più esaustive.

Telefonai al Ministero dell'Agricoltura e Foreste dove, per fortuna, all'ottavo tentativo parlai con un impiegato che non sapeva neanche cosa fosse un virus e, men che meno un herpesvirus, però, visto che seguiva i problemi burocratici relativi all'importazione delle scimmie dall'estero, mi diede finalmente l'imbeccata giusta. Esisteva in Italia almeno un laboratorio che utilizzava scimmie per la produzione di vaccini e per la ricerca. Alla fine, riuscii a entrare in contatto con un collega che parlava la mia lingua.

«Ovvia, sta' tranquillo!» mi rassicurò con il suo puro accento toscano, «La sarà una banale influenza. Per gli esami in Italia non c'è nulla da fare. A noi le scimmie arrivano dall'America già belle che testate per l'Herpes B, però ti posso dare il numero di fax della ditta dalla quale le importiamo».

Chiamai la mia collega in ambulatorio e le feci inviare negli Stati Uniti un fax urgentissimo in cui la parola più ricorrente era *HELP*.

Per fortuna mi rispose subito un collega indiano gentilissimo che lavorava in un centro di ricerca a San Antonio in Texas. Verso sera riuscii a mettermi in comunicazione telefonica con lui. Si chiamava Bhalla e portò un'enorme pazienza con il mio inglese da scuola privata (alle medie e al liceo avevo studiato francese) che mi costringeva continuamente a chiedere di parlare lentamente e di pazientare per i miei strafalcioni. Mi disse che era impossibile contrarre l'Herpes B da un Saimiri di cattura e che, se anche avessi contratto l'Herpes T, finora i pochi casi nell'uomo erano tutti finiti bene, nel senso che nessuno era morto.

«Don't worry, Oscar (non preoccuparti, Oscar), e soprattutto accertati se la scimmia ha morsicato qualcun altro, in famiglia. Se lo ha fatto, come è probabile per queste scimmiette, e non è successo niente, dormici sopra, altrimenti puoi sempre prendere un aereo e venirci a trovare. Saremo felici di conoscerti» concluse il collega indiano.

«Grazie... cioè, thank you, ciao, grazie».

Composi il numero di Bologna. Erano le 23.

«Signora, buonasera. Sono il dottor Grazioli. Mi scusi per l'orario, ma ho appena finito di visitare una scimmietta e mi è venuta in mente la sua. Come sta?».

«Mo benissimo, *povera stella*. È guarita del tutto, grazie a lei. Ho fatto una gran fatica a darle lo sciroppo. Lo sputava mezzo. Adesso è tornata come prima».

«Signora… una curiosità. Ha per caso mai morsicato qualcuno in casa, anche solo per gioco?» il cuore batteva come un martello pneumatico.

«Mo certo, dottore. Delle volte è proprio una carognetta. Fa i dispetti come i bambini. È ormai tre mesi che ce l'abbiamo e mio figlio ha le mani con tutti segni dei suoi dentini. Se vedesse poi le mie, dopo che gli ho dato lo sciroppo! Mo però è tanto carina, *povera stella!*».

Dopo due giorni, la febbre cominciò a scendere e il mal di testa a cedere. Il quinto giorno non avevo più nulla, se non i classici disturbi conseguenti a uno stato febbrile prolungato.

Non so cosa sia stato e non lo voglio sapere. Probabilmente una semplice influenza, ma nessuno mi toglie dalla testa che, sotto sotto, ci sia stato lo zampino, anzi il dentino, di una piccola, *povera stella*.

Angelo Lombardi, che ho conosciuto, fu il primo a fare vedere al pubblico della TV in bianco e nero gli animali più strani, aiutato in questo dal suo assistente Andalù.

Eduardo

Konrad Lorenz, il padre dell'etologia (che ho avuto la fortuna d'incontrare), scrive nei suoi numerosi testi che l'essere umano è un animale particolarmente aggressivo verso i propri simili.

È vero e ne abbiamo prova ogni giorno. Questo racconto, tratto da una notizia letta su un periodico inglese, ci dimostra però che talvolta è capace di straordinaria generosità.

Questa volta gli avevano affidato un compito solo apparentemente facile. Per un veterano come lui ci voleva poco a capire che più il lavoro sembrava semplice, più in realtà era complicato.

La redazione si era accorta che, da tempo, non si era scritto nulla sull'alpaca. A Paul si richiedeva un servizio sulla relazione tra l'animale e la popolazione locale. Scaricò da Internet tutto quanto esisteva su questa specie di lama dalla lana pregiata. Aveva il pelo più lungo, era più ridotto come dimensioni, ma più massiccio.

Trovare l'alpaca sarebbe stato uno scherzo. Bastava andare in Perù, sulle montagne andine o sui massicci in Bolivia o nel nord del Cile. Il vero problema era evitare un servizio banale. In fondo era solo una grossa pecora.

D'altronde per *l'International Geographic* nessun servizio doveva essere banale. Ciò che Paul aveva già in mente era di fermarsi in qualche villaggio andino per familiarizzare con i pastori e acclimatarli, come era solito dire, alla presenza di una macchina fotografica con un teleobiettivo che sembrava un bazooka.

Era stato in posti nel mondo dove la presenza umana poteva essere indiscreta, osteggiata, malvoluta, ma in qualche modo era sempre riuscito a farsi accettare. La macchina fotografica talvolta era un mezzo talmente ingombrante da mandare a monte un servizio preparato scrupolosamente.

Un uomo può raccontare qualunque scena, meravigliosa o agghiacciante che sia, ma può mentire, può non essere creduto. L'obiettivo della reflex è impietoso. Documenta, accerta, non può raccontare balle. Per questo spesso si era trovato in difficoltà con persone che non accettavano di essere indelebilmente impressionate su di una sottile emulsione e soprattutto non accettavano che il mondo potesse venire a conoscenza di quanto stavano facendo in quel momento.

Poi, esistevano le motivazioni religiose. Macchine fotografiche, telecamere e perfino binocoli, per certe culture, sono strumenti per rubarti l'anima e insistere può voler dire rischiare la vita. Si aggiunga che la redazione della famosa rivista non accettava alcun ritocco delle immagini. Niente Photoshop per cambiare un colore o modificare artificialmente la realtà. Eri pagato profumatamente per i tuoi servizi e, se il servizio era richiesto dalla redazione perché ritenuto di grande interesse, avevi ogni mezzo e facilitazione possibili, a tua disposizione.

Gli inviati ritenuti i migliori, come lui, avevano un contratto in esclusiva, ma attenzione a seguire le regole di redazione, molto severe: anche la più insignificante modificazione della realtà, se provata, rendeva il servizio non pubblicabile, troncava di netto il contratto che prevedeva una costosa penale a favore della casa editrice. Il periodico, che usciva mensilmente, aveva un costo molto elevato, ma i servizi fotografici erano di qualità inarrivabile e gli scenari narrati ineccepibili, quanto a realtà dei fatti.

Mentre pensava, aveva già scritto due righe a mano e le aveva infilate nel vecchio fax che rumorosamente stava trasmettendo il suo messaggio al primo contatto, in un misero ufficio della periferia di Lima. Non si fidava della posta elettronica, non nei sobborghi di Lima dove le coperture erano precarie, mentre il vecchio fax faceva sempre il suo dovere.

Era già stato diverse volte in Perù e voleva assolutamente Ramirez, come guida. Era una persona oltre la mezza età che aveva studiato in Inghilterra, aveva girato mezzo mondo, parlava perfettamente quattro lingue e conosceva, nei minimi dettagli, il suo paese. In più era discreto, intelligente e singolarmente dotato per entrare in contatto armonico con le persone più chiuse e scontrose.

Dopo neanche dieci minuti arrivò un fax di risposta: *"Hi Paul, what a pleasure to hear from you! Please call me if you'd like so. I'm in office now"* (Ciao Paul, che piacere sentirti! Se lo desideri, puoi chiamarmi adesso. Sono in ufficio. Ramirez)

In una vecchia casa, nel centro di Londra, il professore era seduto sulla poltrona del suo studio. Portava una vestaglia di seta grigia, finemente istoriata con motivi allegorici, per lo più draghi. Ricordava di averla acquistata in un piccolo mercato di Pechino.

La stanza era in penombra e dalla lampada a stelo usciva il cono di una luce morbida e soffusa. Allungò la mano verso un bicchierino di vetro rosso posato sul tavolo di onice e portò alla bocca un sorso di liquore molto aromatico, ma non particolarmente alcolico. Era un distillato della canna da zucchero abilmente miscelato con erbe profumate tra le quali prevaleva una sottile fragranza di liquirizia. Lo aveva bevuto in un vecchio villaggio di poveri pescatori brasiliani che, al momento della sua partenza, gli avevano regalato una bottiglia di quello che consideravano un liquore sacro.

Quando la governante bussò discretamente per chiedere a Lord Adam quale tipo di tè poteva preparargli, il professore le rispose: «Le sarei molto grato se mi portasse una tazza di Sencha». Era uno dei tè più consumati in Giappone, dotato di un retrogusto un po' dolce e con meno caffeina rispetto al Matcha, più deciso e vigoroso.

La governante, una donna filippina, accennò un piccolo inchino e si ritirò pensando a quanto era stata fortunata nel trovare lavoro presso quell'uomo. La sua ricchezza era pari alla sua cultura e soprattutto alla sua cortesia. Non lo aveva mai sentito alzare la voce o alterarsi né vantare con nessuno la sua nobile provenienza. Un vero gentleman di vecchio stampo, ormai raro come un mese di pieno sole a Londra.

Lord Adam chiuse momentaneamente l'ultimo numero dell'*"International Geographic"* e abbassò le palpebre. Era anziano, ancorché in buona salute e ogni tanto si abbandonava ai ricordi della sua vita, trascorsa viaggiando molto da giovane per approdare poi all'insegnamento di storia etnica a Cambridge con lunghe partecipazioni politiche nel Parlamento inglese dove era rispettato da tutti.

La sua nobiltà lo aveva dotato di un patrimonio consistente, fin da giovane, e lui aveva deciso di investirne buona parte in numerosi viaggi che erano stati il sale della sua vita, senza disprezzare la docenza, in età matura, che gli aveva permesso di rimanere in esercizio mentalmente e di frequentare giovani allievi di notevole spessore e molto promettenti.

Fosse stato solo per il denaro, non avrebbe avuto bisogno né dell'insegnamento, né della frequentazione parlamentare. Avrebbe potuto vivere semplicemente di rendita.

Lord Adam aveva insegnato per una ventina d'anni, poi si era ritirato anche dall'agone politico, per concedersi gli ultimi viaggi in posti dove non era mai stato da giovane, evitando le grandi città che ben poco gli interessavano a favore di zone al di fuori dei percorsi turistici, dove entrava in contatto con gli abitanti e studiava storia, usanze e abitudini di piccoli gruppi indigeni.

Negli ultimi anni, quando non era in viaggio, si ritirava nella sua vecchia casa di Londra dove, ogni giorno, si alternavano docenti e alunni, studiosi delle più varie lingue e dialetti. Lord Adam ne parlava dieci.

Con un sospiro, riaprì gli occhi, conscio che ormai, data l'età, stava bene a casa con i pochi, ma fidati amici con cui condivideva volentieri qualche ora di tempo.

Riaprì l'ultimo numero del periodico che preferiva. La foto dell'alpaca nel tramonto andino era di rara bellezza. Stava per chiudere la rivista quando l'occhio gli cadde sul volto di un ragazzino indios. Sembrava scolpito nella roccia, tanto era espressivo. Era stato diverse volte nei paesi andini e conosceva molto bene quella marcata sfumatura di tristezza impressa sui volti delle loro popolazioni.

Il cielo azzurro, l'aria tersa e rarefatta, l'immensa montagna incombente, gli spazi infiniti e il condor che vola lento nel cielo, non potevano che dare luogo a quella musica triste che l'infinità varietà degli strumenti a fiato andini generavano, come sgorgasse da un cuore ferito, sempre accarezzato, in apparenza, dalla fatica di vivere.

La musica era l'espressione di quei volti, ma nel viso del ragazzino non c'era solo la solitudine del pastore andino, c'era qualcosa di più. La paura.

Guardò la scritta sotto la fotografia e annuì con il capo. Avrebbe potuto giocarsi la sua bottiglia di liquore brasiliano. La fotografia era di Paul Mendez, non poteva essere altrimenti. Solo lui era capace di «rubare l'anima alla gente», come gli aveva detto una sera a cena.

Era a Londra per una serie di conferenze e Lord Adam gli mandò un invito a cena al quale non si poteva dire di no. Dentro la busta c'erano due righe vergate a mano e una penna di colore arancione intenso e brillante. Solo il Gallo di Roccia andino possedeva penne di quel colore e chi ne aveva una doveva per forza essere una persona interessante, una persona da conoscere.

I due erano sempre in giro per il mondo, uno per lavoro, l'altro per diletto e studio, spesso si sfioravano e si mancavano per un giorno o per poche ore, magari in Patagonia o nella sala d'aspetto di un piccolo aeroporto sulle Svalbard.

Nonostante si fossero visti solo quella volta, a cena nella casa londinese di Lord Adam, ne era scaturita un'amicizia talmente solida che poteva datare da quarant'anni di frequentazioni.

Paul scese a Santiago e si fece accompagnare subito in albergo, dove si ritirò nella sua camera a preparare meticolosamente tutto. La mattina, abbracciò Ramirez e salì sul vecchio fuoristrada ammaccato e infangato a dovere.

Il viaggio fu lungo ed estenuante, ma c'era ancora piena luce, quando cominciarono a vedere numerosi lama e alpaca. Dopo una curva Ramirez frenò bruscamente e Paul imbracciò la sua vecchia Leica. Scesero dalla macchina. Sulla strada sterrata i segni di una frenata. Ai lati, sul prato incolto, quattro pecore morte. In mezzo a loro un ragazzino, vestito con un poncho rosso, si voltò. Paul scattò un'unica foto, quasi a rispettare quella tragedia che si era da poco consumata.

Una vecchia e grande automobile, raccontò piangendo a dirotto Eduardo, era sbucata dalla curva a velocità sostenuta e aveva investito il gregge, mentre attraversava la strada. Non si era neanche fermata e lui aveva pensato soltanto a soccorrere le pecore. Per la prima volta, il papà aveva affidato a Eduardo tutto quanto la famiglia possedeva di valore. Dieci pecore da lana. Quattro erano morte.

Lord Adam era seduto a tavola da solo, mentre la governante si muoveva nel silenzio più assoluto portando e ritirando i piatti con le specialità speziate orientali che lui gradiva. Mentre la ringraziava ogni volta con un cenno del capo, nella mente continuava a balenargli l'immagine di quel ragazzino.

Aveva visto di persona la miseria, la morte, la malattia, in ogni angolo del mondo, ma gli occhi di quel ragazzino erano il distillato, l'essenza stessa della disperazione.

Inviò immediatamente una posta elettronica all'*"International Geographic"* e, dopo poche ore, era al telefono con Paul che si trovava sull'isola di Runde, in Norvegia, per un servizio sul rapporto tra i pescatori del luogo e i Pulcinella di mare.

Il professore si fece dare qualche dettaglio di quel servizio in Perù, gli raccontò cosa lo aveva colpito e gli spiegò cosa intendeva fare. Paul gli rispose che arrivare in quel preciso posto era molto scomodo. Ci si doveva inerpicare su per una ripida strada sterrata e malmessa usando una jeep a quattro ruote motrici e avere la schiena a posto perché il viaggio durava almeno otto ore, tra curve strette e buche.

«Caro Adam, è stata dura per me e Carlos, un autista eccezionale che conosce quei posti come le sue tasche. Francamente ti sconsiglio di intraprendere un percorso simile. So che, per te, arrivare a Santiago è un gioco da ragazzi, ma giungere alla casupola di Eduardo è una tortura».

«È tutta montagna o, nei pressi, ci sono spazi pianeggianti?» gli chiese Lord Adam.

«Sì, ricordo bene che proprio vicino alla casetta c'è un prato piuttosto ampio dove il papà di Eduardo porta le pecore a brucare quella poca erbetta che cresce a quell'altitudine».

«Bene Paul, ti spiace mandarmi le coordinate del posto?» e finì di spiegargli il piano che voleva attuare.

Nei giorni seguenti attivò tutte le risorse e il personale a sua disposizione. Passò un paio d'ore con il consulente dell'agenzia di viaggi di sua fiducia, che era ormai abituato da anni a non mettere minimamente in discussione un progetto di Lord Adam. Se era lì lo aveva già studiato approfonditamente ed era fattibile. Più o meno difficile, più o meno laborioso, più o meno costoso. ma di certo fattibile.

Si trattava di discutere i dettagli, di trovare le soluzioni più appropriate, di risolvere i problemi logistici e il professore era tanto determinato quanto comprensivo e paziente. L'importante era fare il possibile. Non gli aveva mai chiesto miracoli, ma pretendeva il massimo della professionalità. Tutto sommato, questa volta l'operazione non era particolarmente complicata. Occorreva un po' di tempo. Tutto lì, pensò.

Quando il papà di Eduardo, che stava lavorando nell'orto, sentì il rumore delle pale di un elicottero, abbandonò la zappa e abbassò il cappello di paglia per vedere, contro sole, cosa stava succedendo. Quando capì che il velivolo stava atterrando nello spiazzo di fianco, fece ritirare tutta la famiglia in casa.

Contemporaneamente, sulla strada vide arrivare il camioncino che, anche se sporco di terra e con due dita di polvere ovunque, si capiva che era nuovo fiammante. Il mezzo si era fermato proprio davanti alla loro modesta abitazione e lui sapeva che se qualcuno ti veniva a cercare, in forze, solitamente non era per offrirti delle caramelle. Tanto meno se guidava un camioncino e se nello spiazzo di fianco era atterrato un elicottero che ora aveva le pale ferme.

Mentre si chiedeva che cosa poteva avere fatto di male lui, o qualcuno della famiglia, dall'elicottero scese un signore anziano, ma vigoroso che non attese l'aiuto del pilota per dirigersi proprio verso di lui. Un uomo più giovane scese dal camioncino e scomparve sul retro del veicolo. L'anziano, a pochi passi ormai da lui, gli parlò cortesemente in quechua. La mano era tesa e il sorriso di quello straniero che parlava perfettamente la sua lingua era sincero.

«Caro amico, ho qui un regalo per Eduardo».

Il ragazzino, sentendo il suo nome, si affacciò titubante sulla porta e vide il papà che stringeva la mano a un uomo con i capelli bianchi, ma dal portamento molto giovanile. Vestiva una camicia di lana scozzese e un semplice paio di jeans neri.

L'autista del camioncino scese a sua volta dall'abitacolo e si avviò verso il retro del mezzo, per dare una mano all'altro che Eduardo non aveva visto. Tutti e due cominciarono ad arrotolare il telone aprendo un varco.

Eduardo vide scaricare venti cuccioli di splendide alpaca. Si mise in ginocchio davanti alla porta facendo toccare terra al suo poncho rosso. Le mani erano impegnate a farsi lentamente il segno della croce dinanzi a quel signore anziano che non sembrava proprio Dio, ma che certamente doveva conoscerlo molto bene.

Bullmar

Quando vado via, per ferie o lavoro, chi mi conosce bene sa che, appena arrivato, telefono a un'agenzia per sapere se l'indomani c'è la possibilità di rientrare. Le mie radici sprofondano nella terra in cui sono nato.

Quella volta, in Sardegna, furono sì gli amici, ma soprattutto lui a trattenermi per tutto il tempo. Si chiamava Bullmar.

Giochi ancora con il tuo sacchetto di plastica bianco, Bullmar?

Il giorno prima di partire per quella vacanza in Sardegna provavo la solita angoscia che sempre mi coglie quando devo fare la valigia. Questa volta ancora peggio perché partivo da solo.

Laggiù mi aspettavano alcuni amici, ma loro avevano una casa e la casa è come la radice di un albero. Io mi sentivo strappato dalle radici della mia terra. Infilavo di malavoglia, nell'astuccio scozzese, spazzolino, rasoio, dentifricio e crema da barba. La sera, per un attimo, avevo riaperto la valigia e non perché mi ero dimenticato qualcosa. Volevo disfarla.

Il *cane nero** ride quando devo partire.

Otto giorni. Tanti o pochi e lo sai solo quando sono trascorsi.

All'attracco del traghetto mi aspettavano Claudio e sua moglie, due toscani di squisita ospitalità. Claudio, che conoscevo da tempo, era una sorta di folletto dissacratorio, come molti lucchesi, ma un amico. Di quelli veri.

Si erano offerti di venirmi a prendere e guidarmi nell'agriturismo che un amico isolano mi aveva proposto. *Lu Lisandraggiu* è un posto da favola, ma bisogna arrivarci percorrendo quattro chilometri di sterrato con curve strette che si inoltrano sulla collina, tra cespugli di cisto, ginepro e lisandru, l'arbusto selvatico che dà il nome al bed and breakfast.

La mia vista notturna è sempre stata piuttosto carente e, negli ultimi anni, mi sono accorto di cedere volentieri il volante agli amici o a mia moglie, quando l'oscurità vince sugli ultimi bagliori del sole che cala. Come farò, mi chiedevo, a ritrovare questa sorta di tratturo nel pieno della notte, di ritorno da una cena? Il polverone sollevato dall'auto di Claudio mi impediva di vedere bene la strada anche di giorno e il sole che calava radente sulle montagne mi obbligava a stringere gli occhi per intuire le curve.

Piccole preoccupazioni per chi non tende a ingigantire i disagi. Drammi atroci per chi del disagio spesso fa una tragedia.

Giunti sullo spiazzo antistante l'abitazione dei proprietari, nessuno ad aspettarci. La scritta *"Chiuso"* e un numero di telefono, vergato con una matita su un foglio di carta a quadretti, fissato sulla porta con un pezzo di nastro adesivo.

Claudio giocava con un cane che neanche avevo visto, mentre sua moglie era intenta a guardare il panorama mozzafiato dell'oasi marina che si stende da Olbia a San Teodoro, sulla Costa Turchese e l'isola di Tavolara.

Diversi chilometri di sterrato, un albergo dove non c'era nessuno, un numero di telefono che suonava a vuoto. Troppo per me. Telefonai all'amico e collega sardo, in ambulatorio, scoprendo che, per un banale equivoco, l'uno pensava che avesse prenotato l'altro.

«Fammi un favore» gli chiesi, «trovami una camera vicino a casa tua, in un albergo, dove vuoi. *Lu Lisandraggiu* è un posto stupendo, ma piuttosto scomodo da raggiungere, soprattutto di sera e magari dopo una delle vostre cene annaffiate da un Cannonau che non è proprio un lambrusco a 10 gradi».

Dopo un'ora seguivo l'automobile dell'amico sardo che si inoltrava nella campagna fuori Olbia, verso nord questa volta.

Superstrada, poi uno svincolo per Sassari, poi un sottopassaggio, poi una svolta a destra, tre chilometri nel nulla e una svolta a sinistra. Altri due chilometri di strada asfaltata e, nel bel mezzo di una curva, l'immancabile sterrato con un cartello macilento in cui si doveva leggere il nome dell'agriturismo in cui avrei trascorso la notte. E Mario. Faccia sarda, tagliata nella quercia, magro, secco, gentile, la mano tesa, l'odore delle pecore sui suoi vestiti.

«Sta' tranquillo» mi ha detto Claudio, che ci aveva seguito, intuendo i miei pensieri. «Sistemati che ti si viene a prendere per la cena e ti si riporta qui. E stanotte non dar noia alle pecore. Fai atto di castità perché Mario gli è un bravo omo, ma guai se tu gli tocchi una pecora. Poi ci sta che, al buio, ti sbagli con il becco e invece di trombare...».

Claudio è fatto così. Leale, schietto, lingua lunga e toscana. Avesse davanti Satana gli chiederebbe di trovargli un girone dove poter fare una trombatina ogni tanto e, nonostante ci vediamo molto raramente, è uno dei miei più cari amici perché conosce, e soprattutto capisce, le mie debolezze accettandole, senza giudicarle.

Un giorno a Napoli con una decina di amici, Mario, napoletano verace, ci porta a vedere la Napoli sotterranea che è un paesaggio affascinante dove si susseguono grotte ampie e stretti camminamenti.

Dopo un breve percorso iniziale si arriva in un'ampia grotta dove la fantasia napoletana vuole che certi spiritelli scherzosi si manifestino talora al viandante. Il più famoso è certo il *Munaciello* che aveva accesso, attraverso pozzi e pertugi della Napoli sotterranea, alle abitazioni di tutti.

Dunque, il *Munaciello* aveva la possibilità di rubare in casa di alcuni e portare oro e gioielli in casa d'altri, soprattutto in quelle dove si trovavano donne molto "disponibili e affettuose" nei suoi confronti! Questa figura mingherlina, che si muoveva veloce e furtiva nascosta da un mantello scuro, richiamava l'idea di uno spiritello che si aggirava per le case e i cunicoli di Napoli. È entrato talmente tanto nel cuore della popolazione, che si diceva che una casa era stata benedetta (se venivano portati dei doni) o maledetta (se derubata) dal *Munaciello*.

Dalla grotta si diparte un pertugio lungo una ventina di metri che porta alla grotta successiva.

«È tanto stretto che ci passa solo un corpo» ci avverte Mario, «e se troviamo una comitiva di ritorno bisogna accordarsi su chi rincula verso l'antro da cui proviene perché in due adulti, anche magri, non ci si passa».

La mia claustrofobia, nettamente migliorata negli ultimi anni, ha una motivazione che risale a una lunga permanenza in un ascensore bloccato durante una vacanza in un Paese dell'Est. Ma questa è un'altra storia.

«Ragazzi, io vi aspetto qui, perché quel lungo e stretto anfratto scavato nella roccia non mi solletica per niente».

«Ma figurati. Al massimo ci tocca tornare indietro» comincia uno. «Oh, ti facevo un filo più coraggioso» continua un altro. «E dai Oscar, non fare storie. Cinque minuti e siamo nell'altra grotta».

Io continuo a declinare e la maggior parte a prendermi in giro per una buona mezz'ora fino a quando Claudio, alzando la voce e stranamente senza scherzare urla: «Ora avete finito di rompere le palle? Ovvia, se 'un se la sente 'un se la sente, no? 'Un lo farà mica apposta, no? E porca.... Ci vorrà un genio per capire che 'un gli garba? Noi andiamo di là e lui ci aspetta qui. O porca…».

Sentire Claudio parlare ad alta voce e con l'espressione di chi non vuole proprio scherzare, ha sbloccato la situazione. Io sono rimasto nella grotta a fumarmi una sigaretta e loro sono andati a vedere l'altra. Al ritorno, ho detto che avevo fatto due chiacchiere con uno spiritello simpatico e la faccenda si è chiusa lì. Merito di Claudio.

La camera era un loculo.

Un mezzo letto, un comodino e un armadio con due grucce per gli abiti. Il bagno era piccolo con una doccia che dava l'idea che si sarebbe allagato anche l'ovile distante qualche decina di metri dall'abitazione.

Cercavo disperatamente un segno di vita, di modernità: il frigobar, il televisore. Lo trovai. Forse arrivava a 17 pollici ed era anche dotato del colore. Era incastonato dentro lo scaffale aperto dell'armadio. Sopra, un dito di polvere.

Schiacciai il tasto di accensione, rimanendo piacevolmente sorpreso che sul monitor prendesse lentamente forma l'immagine di una bella ragazza che conduceva una trasmissione a quiz. Rimasi a guardarla, i capelli neri corvini, la pelle scura e liscia, l'inconfondibile accento sardo, l'abito succinto nero. Le ragazze sarde, come le donne anziane, vestono spesso di nero e ti offrono il fascino del mistero, dietro il velo di un sorriso amaro, di un'espressione che non lascia trasparire l'anima. La bellezza delle donne sarde è unica come l'espressione dei loro occhi, come la sicurezza del loro portamento.

Tirai fuori dalla valigia il necessario per fare una doccia e per cambiarmi, lasciandola semiaperta sul tavolino di fianco al letto. Sapevo che la notte dopo avrei dormito da un'altra parte.

La cena fu piacevole, tra un bicchiere di Perdera, i *culurgiones*, vari bicchieri di Cannonau e quintali di antipasti con l'immancabile pane guttiau.

Il vino scalda l'anima e il cuore, e confesso di concedermene con una certa generosità. Il vino è un amico caldo ed è un rimedio antico che scioglie l'ansia e le angosce e ti fa venire voglia di scherzare o talvolta di piangere, ma non ti costringe al silenzio.

«Dai, *conversiamo* un'altra bottiglia» diceva un mio amico cileno, sfuggito alla dittatura di Pinochet. Ne abbiamo *conversate* tante, mentre, con le lacrime agli occhi, mi parlava di un paese che temeva di non rivedere mai più: la cordigliera, il condor, le note malinconiche di un flauto corto che suona la solitudine di spazi enormi, la suggestione del disco di fuoco che cede alla notte calando oltre le montagne, nell'aria rarefatta.

Sia chiaro che questa "ode" al vino va presa nella sua giusta accezione e non è un consiglio a sbronzarsi.

La mattina dopo mi svegliarono i belati. Albeggiava appena. È la mia ora di risveglio consueta e non c'è viaggio breve o lungo che tenga. Io apro gli occhi a quell'ora che sia andato a letto presto o tardi, che abbia bevuto Cannonau o Coca Cola (improbabile).

Dopo essermi lavato, sbarbato e infilato un paio di bermuda cominciai a rimuginare, seduto sul letto, se chiamare l'agenzia turistica per prenotare un posto sul traghetto della mattina successiva o resistere al possente richiamo del ritorno a casa.

Guardai fuori dalla finestra del bagno e vidi un paio di uccelli sul ramo di un ulivo che potevano essere due gruccioni. Avevo il sole di fronte e, per quanto basso, non vedevo i colori, che già distinguo malissimo. Il binocolo era nello zainetto, assieme alla macchina fotografica. Alla fine, dopo una rapida occhiata con lo strumento ottico, si trattava di una banale coppia di storni.

Ero stato suggestionato dall'amico isolano che, come tutti i sardi, esagera con l'ospitalità.

Quando al telefono gli avevo elencato una serie di uccelli che avrei gradito vedere, tra le sughere, gli ulivi e negli stagni vicino a Olbia non aveva avuto esitazioni. Gruccioni, magnanine, cavalieri, avocette, fenicotteri, chiurli... la risposta era sempre la solita «A quintales ce n'è». Aveva dimenticato che faceva ancora caldo e che i primi giorni di settembre in Sardegna ti va bene se riesci a vedere passeri, folaghe e cornacchie. Ma il dovere d'ospitalità per un sardo è superiore a qualsiasi considerazione biologica ed ecologica. Volevo vedere i gruccioni? «A quintales».

Fu Laura, la moglie di Claudio, a convincermi: «Ovvia, Oscar tra l'ovile di Mario e il *Lisandraggiu*, 'un c'è paragone».

Aveva ragione. Saggia Laura, di poche parole ma ben meditate. D'altronde, se il problema era la strada di notte, per trovare l'ovile di Mario mi occorreva un navigatore satellitare, collegato con la base militare della Maddalena.

Tornati dalla spiaggia, il pomeriggio Claudio mi accompagnò a prendere la valigia da Mario che si mostrò molto comprensivo nei confronti di un portatore di handicap che non sapeva trovare un agriturismo alle porte di Olbia, con tanto di cartello segnaletico sulla strada. Ospitalità sarda.

Arrivati sullo spiazzo davanti al *Lisandraggiu*, scesi dalla macchina e mi obbligai a guardare il panorama del tramonto sul golfo di Olbia. Uno spettacolo!

D'improvviso arrivò saltellando e mulinando la coda. Era bianco, con una macchia nera sul muso. Portava tra i denti un sacchetto di plastica bianco con impresso un uccellino rosso e verde, il logo dell'*Auchan*. Giunto a pochi passi cominciò la sua esibizione funambolica. Infilava la testa nel sacchetto e, con un colpo deciso, lo faceva volare in aria, per riprenderlo prima che toccasse terra. Dopo cinque minuti, lo portò dentro la sua cuccia e tornò deciso verso di me. Mi chinai a carezzarlo e mi ricoprì di baci e *abbracci*, come mi avesse visto cento volte.

«Adesso gli do qualcosa da mangiare così non la disturba». La signora che si stava avvicinando era giovane, vestita in modo sobrio. Un paio di jeans blu scuri e una maglietta azzurra. Parlava lentamente e con tono di voce basso. Aveva modi affabili e usava una cortesia tramandata da un'educazione severa, che non ammetteva toni spicci con l'ospite. Ancor di più se cliente.

«La prego, lo lasci fare. È ancora un cucciolone e ha voglia solo di giocare. Però non gli dica che sono un veterinario, se no finisce che si rompe subito l'amicizia».

Sorridendo mi rispose: «Non a tutti piacciono i cani. C'è chi ne ha paura. L'altra mattina ha trovato aperta la sala della colazione, è entrato e ha leccato la mano di un bambino. La signora si è arrabbiata perché aveva paura che il piccolo potesse prendere delle malattie...».

«Più facile che il bambino le sfugga e cada dentro una buca al mare o pesti una tracina...».**

«Sì lo so, ma noi dobbiamo accontentare i clienti. Questo è il nostro lavoro. Stiamo cercando a Bullmar una sistemazione, ma qui, cani che non siano da caccia o da guardia non ne vuole nessuno. Dovremo sentire al canile».

«Ma è un cucciolone bellissimo e buono...».
Suonò il telefono.

«Chiedo scusa» mi disse la donna con un sorriso un po' forzato. Evidentemente voleva bene a quel cane che, lo appresi in seguito, qualcuno aveva abbandonato davanti alla porta dell'agriturismo.

Fu Bullmar, più ancora della generosa compagnia degli amici, a sciogliere le angosce che mi prendono quando sono lontano da casa.

Sapevo che quando tornavo dal mare al tramonto o di notte dopo una cena, o quando lasciavo l'albergo la mattina, lui era lì, con il suo sacchetto bianco e rosso a esibirsi, per poi buttarsi tra le mie braccia come un vecchio amico perduto e ritrovato che ti invita a rimanere ancora un po', per il bicchiere della staffa, qualche risata e tanti ricordi.

Giochi ancora con il tuo sacchetto di plastica bianco, Bullmar?

**Winston Churchill definiva i suoi momenti, peraltro rari, di depressione con il termine "The black dog "(Il cane nero). Essendo un veterinario e soffrendo, fin da giovane, di tali episodi più frequenti e severi, trovo l'immagine molto suggestiva.*

*** Nome volgare, soprattutto toscano, per indicare i pesci ragno, le cui spine hanno ghiandole velenose alla base che ne rendono la puntura molto dolorosa e talvolta pericolosa per l'uomo.*

Sal

"Songs from the Capeman" *è un capolavoro poco noto. Musica di Paul Simon, testo di Derek Walcott *. È la storia di Salvador Agron, un ragazzino portoricano emigrato* "nel gelo di New York con la camicetta estiva".

Entrato nella gang dei Vampires, *durante una rissa notturna, accoltellò a morte due ragazzini scambiati per avversari. A 16 anni fu il più giovane condannato a morte in USA. In carcere studiò, scrisse libri, si laureò, evase e fu ripreso, fino a che Eleonore Roosevelt lo aiutò a ottenere la libertà.*

La storia di Sal mi ha ispirato questo racconto con libera interpretazione e qualche riferimento a un altro capolavoro: "Il miglio verde".

Quando sentì i passi della guardia nel corridoio, Sal (il suo nome completo era Salvador) si affrettò a sollevare la testata del lettino. Era un orario insolito per una visita. La fretta e la sorpresa stavano per giocargli un brutto scherzo. Aveva dimenticato la lunga lima sul cuscino. Svitò rapidamente il tubulare di metallo del letto, v'infilò l'attrezzo dentro e rimise tutto a posto proprio mentre la voce

94

roca del vecchio Jonathan annunciava l'apertura della porta.

«Sono io, Sal. C'è una lettera urgente per te». Il sergente Jonathan avrebbe potuto aprire la porta della cella in qualsiasi momento del giorno e della notte senza preannunciare il suo arrivo, ma Sal si era conquistato un certo grado di dignità e di fiducia comportandosi, fin dal primo giorno della sua entrata a Greenhaven, come un prigioniero modello.

Non che gli fossero mancati i problemi di tutti i prigionieri, almeno nei primi tempi, soprattutto quelli che avevano fatto parte di una gang giovanile. E Sal era stato coi *Maus Maus* e poi con i *Vampires*: i nemici non gli mancavano. Discussioni, litigi e risse erano all'ordine del giorno, specie per chi entrava nella "comunità" e doveva trovare la sua giusta collocazione rispetto agli "anziani" o a quelli che si erano organizzati in bande all'interno del carcere. E a Greenhaven come ad Attica o a Dannemora, nessuno ci andava per il sottile, carcerati o guardie che fossero.

Il vecchio Jonathan era una perla rara, malvisto dai suoi colleghi che lo ritenevano un vecchio smidollato incapace di tenere l'ordine in mezzo a gruppi di delinquenti e, al contrario, benvoluto dai ragazzi che sapevano di poter contare su una parola d'incoraggiamento nei momenti di disperazione.

Sal aveva accoltellato due ragazzini irlandesi, apparentemente di una gang rivale. Come dimostrò la Corte, non appartenevano a nessuna gang, ma si trovavano lì nel momento sbagliato. Dopo il suo battesimo nella gang dei *Vampires*, Sal doveva partecipare a un regolamento di conti con una banda rivale irlandese nei pressi di Hell's Kitchen. La furibonda rissa era scoppiata improvvisamente e lui ci si era trovato in mezzo, scambiando i due ragazzi che passavano di lì per capi della gang rivale. Il coltello che aveva in mano si era infilato nel petto e nella schiena dei due innocenti, colpendoli al cuore e spezzando l'anima di padri e madri che avevano concesso ai due ragazzi di fare due passi, in quella sera calda e afosa.

Il processo era stato breve e Sal, lo *spic* **, era stato catapultato dalle prime pagine del *"Daily News"* al braccio della morte di Greenhaven.

Dopo i primi mesi di adattamento, il giovane si era mostrato un prigioniero modello. Educato, gentile e ubbidiente si era ben presto meritato se non il rispetto, l'accondiscendenza di qualche secondino. Con il vecchio Jonathan era quasi nato un filo d'amicizia, roba rara in un penitenziario come quello.

Un giorno, all'ingresso della prigione, si era presentata una donna che si era qualificata come la madre di Sal. Aveva i suoi tratti, tipicamente ispanoamericani. D'altronde Sal era nato a Mayaguez, un piccolo paese del Portorico e il suo vero nome era Salvador. Il regolamento impediva, a chi era relegato nel braccio della morte, di vedere chiunque non fosse un addetto al penitenziario o, nei rari momenti di comunanza, qualche altro condannato. Ed era meglio per Sal non vedere alcun familiare perché, in quel caso, poteva stare certo che gli rimaneva poco tempo, prima di imboccare il corridoio che portava nella stanza dove la vecchia sedia friggeva i condannati.

La donna si era tanto raccomandata che il contenuto dell'involucro raggiungesse il suo ragazzo e il sergente l'aveva rassicurata che avrebbe ispezionato lui stesso il pacco e lo avrebbe consegnato di persona al figlio. Dentro c'era una *Bibbia* e Sal la teneva sempre sul suo comodino. Jonathan era molto religioso e qualche volta si fermava a parlare con il giovane, rimanendo sempre stupito dai progressi che aveva fatto da quando, entrato in carcere, sapeva a mala pena leggere e scrivere.

«Viene direttamente dall'Ufficio del Governatore» disse Jonathan mentre gli consegnava la missiva aperta e si sedeva in fondo al lettino. «Non illuderti, Sal. Niente di nuovo». Con il solito gergo burocratico, l'ufficio del Governatore lo avvertiva che avrebbe preso in considerazione la sua terza richiesta di revisione della condanna. Il che voleva dire no. Punto e basta. Tempo tre, quattro mesi e una guardia nel corridoio avrebbe gridato «Dead man walking». (Uomo morto in marcia)

«Ehi ma dov'è Cheap?» gli chiese Jonathan guardandosi intorno nella cella spoglia. Sal gli fece un cenno con la testa e il sergente vide il passerotto che dormiva con il capino sotto l'ala dentro lo scaffale di plastica che conteneva la posta.

Nessuno aveva mai capito come avesse fatto un passero a entrare in quel settore della prigione. Sebbene tempo e date, in un carcere dove la condanna è la morte o l'ergastolo, non abbiano più alcun significato, Sal ricordava perfettamente il giorno in cui l'uccellino si era posato, per la prima volta, sulla lampada del comodino. Era l'ultimo dell'anno, esattamente dodici mesi prima, e ricordò la lite con il giovane Richard, il secondino che sostituiva in quei giorni festivi Jonathan. Quando Richard entrò in cella per l'ispezione e vide il passerotto, guardò Sal con aria sprezzante, come se avesse compiuto un altro delitto. Mentre urlava come un ossesso che a nessun animale era consentito entrare in una cella, aveva tentato di spiacciare l'uccellino con il *baton*.

Sal era alto quasi due metri e, in quegli anni, si era tenuto in forma. Si alzò dal letto dove era seduto e abbrancò Richard per le spalle, sollevandolo come si fa con un quadro che si vuole appendere al muro. Richard era stato preso di sorpresa perché nessuno, nel braccio della morte di Greenhaven, si azzarda a mettere le mani addosso a un secondino che può spararti senza pensarci sopra due volte. Un delinquente in meno, per buona parte degli americani, sul quale non vale neanche la pena di perdere un'ora per le indagini.

Tu sei uno spic, in attesa che stabiliscano il giorno in cui tua madre potrà entrare nella saletta e vederti bruciare. Saranno le uniche lacrime a scorrere perché le tue andranno in fumo. L'altro è un ufficiale di polizia, con una carriera senza macchia, un buon padre di famiglia e un eccellente servitore dello stato. Se ti ha sparato avrà avuto dei buoni motivi, certamente non quelli che ti hanno armato la mano che ha spaccato due cuori.

Quando fu lasciato libero, Richard ebbe per un attimo la voglia di tirare fuori la rivoltella e sparare a quella canaglia, ma ricordò che anche lui aveva infranto le regole. Non si entra nella cella di un condannato a morte da soli e senza che questi sia messo in condizioni di non nuocere. E se lo feriva soltanto? Rantolando «Questa me la paghi, dannata carogna» fuggì rosso in volto, chiudendo la porta con un rumore di ferraglia plateale.

In un carcere però, se è vero che si formano bande di condannati amici e nemici, è anche vero che non tutti i secondini vanno d'accordo e regna l'invidia e la cattiveria anche tra loro. Dopo mezz'ora il direttore sapeva dell'accaduto, anche se la testimonianza di Sal era fuori discussione. L'unico a essere udito fu Richard che ovviamente la raccontò a modo suo e riferì al direttore che il carcerato aveva espresso l'intenzione di aggredirlo e lui lo aveva fermato estraendo la pistola. Non voleva cadere nel ridicolo di un secondino armato che si fa letteralmente sollevare da un ragazzo di 16 anni.

Per fortuna qualcuno chiamò Jonathan, che partecipò alla riunione con il direttore. La pena per avere pensato di strattonare Richard non si poteva evitare, ma Sal se la cavò con il blocco della posta in uscita per un mese. Ci volle molto più tempo a decidere per il nuovo ospite pennuto. Richard lo voleva morto, il direttore quanto meno fuori dalla prigione. Alla fine si convinse che un passerotto non costitutiva un'arma né di offesa né di difesa per un detenuto e che la sua compagnia avrebbe potuto giovare a Sal. Tutto sommato costava due briciole di pane al giorno e lo stato di New York poteva permetterselo.

«Dove vai a festeggiare l'anno Jonathan?» chiese Sal, mentre appoggiava la busta sullo scaffale, svegliando Cheap che lo guardò con un occhio semiaperto.

«Qui, Sal. Quest'anno sono di servizio. Stapperemo un paio di bottiglie nell'ufficio d'accettazione. Per fortuna non c'è quello strafottente di Richard. Siamo tutti della vecchia guardia e finirà che ci racconteremo, per l'ennesima volta, quando Angel Soto e Baby Cruz hanno inscenato una rissa e si sono feriti per farsi ricoverare e tentare l'evasione dopo avere corrotto un giovane infermiere. Rivangheremo vecchi ricordi e storie di tanti anni passati qui, a Greenhaven, come ogni anno quando siamo di turno. Appena dopo mezzanotte farò un salto con un paio di bicchieri. Questa notte il regolamento ce lo facciamo noi. Daremo il benvenuto al nuovo anno bevendo un goccio di quello buono e Dio non si offenderà per questo».

«Ti aspetto Jonathan. Anch'io avrò una piccola sorpresa per te».

Ormai aveva intravisto il primo spicchio di luce e la lima era scivolata fuori dal muro senza incontrare più alcuna resistenza. Si rimise al lavoro. Ogni tanto si udiva qualche risata giungere dalla guardiola e i tappi saltavano ben prima che arrivasse mezzanotte.

Ormai usare la lima in assoluto silenzio era diventata una consuetudine, ma avrebbe potuto usare il martello che quella sera nessuno se ne sarebbe accorto. Dal buco entrava aria gelida assieme a un profumo intenso che conosceva perfettamente, ma non ricordava. Forse era l'emozione di avere concluso il lavoro. Si mise davanti al buco aspirando a pieni polmoni.

«Un calicanto» sussurrò. Quando sua madre lo aveva portato a New York era pieno inverno e aveva subito notato quelle due piante in giardino che, invece di perdere le foglie, fiorivano nella neve.

Jonathan arrivò puntuale, pochi minuti dopo mezzanotte. Aveva una bottiglia di bourbon e due bicchieri che appoggiò con cautela sul minuscolo tavolino a fianco del letto.

«Sal, non dovrei neanche dirtelo» lo apostrofò mentre versava il liquore, «ma sai com'è...».

«Lo so Jonathan. Mai fidarsi fino in fondo di un carcerato, soprattutto se è nel braccio. Non preoccuparti, da me non uscirà una sola parola». E vuotò l'intero contenuto del bicchiere stringendo gli occhi come se una pallottola stesse per colpirlo in pieno petto.

«Ma dov'è la tua sorpresa?» chiese Jonathan.

«Adesso tocca a te, vecchio mio, farmi una promessa. Quanto ti farò vedere potrai raccontarlo solo nel momento in cui te ne andrai da Greenhaven per sempre. Tanto allora, nessuno potrà più crederti».

«Avanti Sal, fammi vedere il tunnel dal quale scapperai» rise il sergente.

Con un gesto secco Sal abbassò la testata del lettino. Quando Jonathan vide il buco gli andò di traverso un goccio di whisky. Sembrava dovesse soffocare. Si alzò barcollando e ci guardò dentro con l'occhio destro, quello con cui ci vedeva meglio.

Le luminarie scintillavano nella notte gelida e si vedevano passare per un attimo i traccianti luminosi dei fuochi artificiali.

Il sergente si girò verso Sal con la bocca spalancata.

«Ma di lì non ci passa neanche la tua mano» riuscì a dire tra un singulto e un colpo di tosse.

Sal teneva Cheap aggrappato con le zampine sul dito indice. «Non io Jonathan, non io».

Appoggiò il passerotto sull'orlo del piccolo buco. Cheap girò il capino e sembrò interrogare il suo vecchio amico.

«Vai Cheap, vola. Vai. Fuori c'è il vento, c'è il freddo, l'odore della terra e, questa primavera, ti aspetta un'altra amica sui rami di quel calicanto. Vai Cheap. Fuori c'è tutto il mondo. C'è un mondo che conosci già. E c'è la libertà».

Il passerotto zampettò lungo il minuscolo tunnel, sembrò indugiare, quasi voler tornare indietro. Poi ci fu un leggerissimo frullare d'ali.

«E adesso, vecchio mio, ti toccherà darmi una mano a chiudere su tutto. Ormai sei mio complice».

Quando Sal fu portato lungo il corto corridoio, il vecchio sergente non volle essere di fianco a lui. Ne aveva viste troppe ormai e aveva detto a Sal che non lo voleva ricordare nei suoi incubi notturni. Sal gli aveva risposto sorridendo che lo capiva e che stesse tranquillo. Ci sarebbe stato il sacerdote ad accompagnarlo.

«Addio vecchio John, sei stato un vero amico».

Richard, con un sorriso beffardo e stupido era già nella stanza dei bottoni, dove spiccava un grosso pulsante rosso, schiacciato il quale, la corrente si scatenava sulla sedia del condannato. Le lancette dell'orologio scandivano i pochi secondi che rimanevano prima che il direttore del carcere facesse un cenno con la testa a Richard.

Sal era già stato "vestito" e aveva decisamente rifiutato il cappuccio che si mette usualmente per evitare a chi assiste, parenti o nemici che siano, la vista di un volto sfigurato. Sal aveva ottenuto di vedere il viso di sua madre, l'unica persona che sedeva nella saletta di chi era autorizzato ad assistere. La madre, a sua volta, aveva insistito per vedere suo figlio fino all'ultimo istante di vita.

La tenda che fungeva da sipario, tra la saletta e il patibolo, si era appena alzata. Sal sembrava sereno e guardava il viso della madre che, con gli occhi aggrottati e le labbra serrate, ricambiava lo sguardo senza piangere, le braccia aperte quasi potesse abbracciarlo.

Mancavano dieci secondi e il direttore guardava serio e visibilmente irritato Richard che continuava a sorridere con la mano poggiata sul grande bottone rosso. Improvvisamente si aprì la porta d'emergenza e il sergente Jonathan trafelato, con in mano un foglietto, urlò all'indirizzo del direttore: «Fermatevi, fermatevi... il governatore ha comunicato di avere firmato la grazia!».

L'esecuzione era stata commutata in carcere a vita con valutazione della condotta. Voleva dire che, se si fosse comportato bene, Sal non avrebbe scontato l'ergastolo, ma sarebbe uscito forse ancora giovane dal carcere.

Mentre il vecchio Jonathan accompagnava Sal nella sua cella, tra applausi e fischi degli altri carcerati, le lacrime gli scendevano libere sul volto, e guardava un viso sereno pensando a un uccellino che volava di ramo in ramo cercando la sua compagna, tra le foglie di un vecchio calicanto, con grappoli di fiorellini bianchi dal profumo inebriante.

*Premio Nobel per la letteratura 1992
**Termine dispregiativo per indicare i portoricani immigrati

Agostina

A questo racconto, vero dall'inizio alla fine, tengo particolarmente e credo capirete il perché. L'ho scritto di getto, il giorno dopo la morte di Agostina.

Mentre il soldato conclude la sua guerra, accorgendosi di morire con il fucile gelato nelle mani, Fabrizio de André scrive per lui parole bugiarde, che si perdonano solo ai grandi poeti. *"Ninetta mia crepare di maggio, ci vuole tanto, troppo coraggio, Ninetta bella dritto all'inferno, avrei preferito andarci d'inverno"*.

Non è vero Fabrizio, e tu che hai assaporato la morte fino in fondo, tu che ti auguravi non ti lasciasse il tempo di avere paura, lo sai benissimo. Tu che sei morto in un brumoso giorno di gennaio hai forse maledetto quelle parole messe in bocca a Piero, perché la morte è la morte e, quando si avvicina lentamente, lasciandoti il tempo di scoprirne le sembianze, tratto a tratto, non ha nessuna importanza che a sentirti sia il grano gelato o i fiordalisi che sbocciano con la primavera.

Se non credi a queste mie parole cerca una ragazza magra, mora, bella come la gioventù. Non avrai difficoltà a riconoscerla, perché stringerà tra le braccia scarne la testa di un Labrador, mentre un Pastore Tedesco le porgerà una zampa sulla mano e un gatto dal pelo lungo e ben curato si acquatterà sotto la sua gonna azzurra. La riconoscerai perché avrà sulle labbra un sorriso più sincero della verità. Mi raccomando però cercala in alto, molto in alto, fin dove il tuo sguardo può arrivare, prima che il bagliore di un astro eterno lo renda cieco.

Quando l'avrai trovata lei ti parlerà di una ragazza che si chiamava Agostina e ti convincerà, se ancora qualche dubbio ti pervade, che non esiste una stagione giusta o sbagliata per morire. Non se si hanno ventisei anni e, quando ti sei affacciata palpitante alla finestra dei diciannove, l'hai vista ballare nel prato davanti a casa, vecchia megera, mercenaria al soldo di ogni guerra, felice solo di spegnere, con le sue rauche risate, l'incanto di una vita che vorrebbe prendere il volo.

Ti racconterà di una ragazza che è rimasta smarrita per poco, mentre ascoltava le parole di persone con le rughe sul volto e con i capelli bianchi, tormentati da mani incerte che si interrogano, con i rituali di ogni giorno, se sia giusto dire fino in fondo la verità a chi, per l'anagrafe, è maggiorenne,

ma si è convinti che non meriti ancora un fardello
così pesante da portare.

Ti dirà di quella volta che Agostina ha messo la
mano sulla spalla del dottore e lo ha invitato a sedersi mentre lei rimaneva in piedi ad affrontare,
con il suo eterno sorriso sulle labbra, la tempesta
che sarebbe inevitabilmente arrivata.

E adesso ti voglio raccontare io qualcosa di
Agostina che lei forse, per pudore, ti nascondereb-
be.

Ci si può innamorare di una ragazza che, a
meno di un miracolo, ha la vita stroncata? Si può
volere bene a una ragazza, quando già sai che pas-
serà i pochi anni che le rimangono tra un esame del
sangue e un prelievo di midollo, fra le tendine di
una stanza d'ospedale e la quiete di una camera
dove il letto diventa strumento obbligato, rifugio
odiato per un corpo sempre più stanco di inseguire
la vita? Si può arrivare a suggellare un legame
d'amore davanti a un altare, un legame che deve
durare "finché vita non lo spezzi", quando già av-
verti lo schianto della falce sulla radice?

Ebbene, se Davide incontra il sorriso di Agostina che abbraccia uno dei suoi cani, mentre il sole
cala grasso sulla vigna matura, io dico che si può,
perché non esiste malattia, dolore, angoscia che ti

neghino l'amore quando incontri il sorriso della gioventù che ha voglia di bere, di correre, di volare, di vivere.

Così è stato, fino all'ultimo giorno, fino all'ultimo respiro. Gioia sincera di passare assieme il tempo, dimenticando quella piccola quantità di sabbia che scorre veloce nella clessidra.

E non avevi tempo di pensarci, perché Agostina te lo impediva. Se c'era un'ombra era sul tuo volto non sopra il suo. Davide, tu le hai dato tutto quello che avevi, tutto quello che hai potuto. Lei ti ha offerto la vita come la offriva a tutti, con la gioia del giorno che sfuma nella notte.

Già, la notte, quando anche le cose dormono e puoi osare di abbandonarti a qualche pensiero triste, presto consolato dal raspare delle unghie di Mary sulle lenzuola profumate di sapone. L'hai scelta tu, Agostina quella foto. Tu e Mary, uno dei tanti cani, forse la più amata, sorridenti entrambi sulle pagine spiegazzate del giornale e sul tondo d'argento che veglia la lapide.

Di cosa ti sei lamentata in vita tua, Agostina? Avevi il diritto di rivolgere terribili maledizioni verso quel Dio che ti era vicino quando sei sbocciata come una rosa, ma era così lontano quando il vento gelido ne ha spezzato lo stelo. E invece, a

Lui che potrebbe tutto, hai sempre sorriso, fino in fondo, anche quando eri sfinita e l'unica cosa che chiedevi era di aprire una finestra, ché entrasse l'aria fresca della campagna e il profumo della nebbia che avvolge la vite, s'insinua tra i rami contorti dell'olmo e plana leggera, sulla vigorosa chioma del platano.

C'era freddo nella stanza, ma tu non lo sentivi perché non poteva placare il fuoco che ti bruciava la fronte e la gola, alimentato da quella febbre maligna che ti regalava brividi e sudore.

In ospedale non te l'avrebbero mai aperta quella finestra, perché non prendessi freddo, tu che d'autunno adoravi camminare a piedi nudi sul soffice strato di foglie rosse, scese con leggerezza dagli alberi che lentamente cedevano al sonno ristoratore dell'inverno. E poi, cosa sarebbe entrato dalla finestra? Non il profumo intenso del calicanto fiorito in giardino, ma solo l'odore acre del disinfettante, triste preambolo di aghi che cercano, frugano, sondano, talvolta fin oltre la dignità dell'anima.

Te ne sei andata così, Agostina, con il respiro ansimante e poi sempre più fioco, guardando pareti ormai confuse, volti sfumati, suoni distorti nel pietoso delirio delle cellule che si spengono assieme al dolore. Mary, Teo e Diadema ti hanno accompagnata per un attimo fino al confine estremo, là dove un giorno tornerete a giocare felici.

Cercala Fabrizio, e quando la troverai canta per lei e dalle un bacio per me.

L'attesa

Questa storia del tutto vera, e senza pennellature di sorta, potrebbe sembrare banale. Ma credo lo sia per chi non ha un minimo di sensibilità.

Ce l'ho ancora davanti agli occhi e, nonostante siano passati anni, ogni tanto mi ritorna alla mente, soprattutto quando vedo un cagnolino legato a un palo fuori dal supermercato dove le disposizioni igieniche (molto discutibili) non gli permettono di seguire il proprietario, solitamente anziano e solo, se non fosse per quell'anima che gli offre qualche momento di serenità senza nulla chiedere.

Guardo quegli occhi che vedono solo la porta d'ingresso del supermarket, il collo teso e la pettorina che stringe il torace, la tensione del timore di una perdita. E allora è più forte di me. Mi avvicino, gli sussurro alcune parole, mi abbasso e allungo lentamente una mano aperta, saggiando la sua reazione.

Inutile e stupido fare gli eroi. Un cane, per quanto piccolo, quando è in situazioni di tensione, soprattutto se ci si avvicina in modo maldestro, può reagire male e mordere per paura. A meno che non sia abituato da lungo tempo a queste situazioni, nel qual caso il suo atteggiamento sarà rilassato e paziente, conscio della breve attesa di un ritorno certo. Comunque sia, questo scenario mi riporta a quell'episodio e sento un gusto amarognolo in bocca, quello che provai allora.

Era tarda mattina e il parcheggio dell'ospedale pieno come al solito. Avevo un appuntamento per fare un'ecografia di controllo e, una volta parcheggiata l'automobile, pensavo a tutta quella gente che camminava verso l'enorme edificio, chi di fretta, chi lentamente, chi con la fronte solcata dalla preoccupazione, chi con il viso sereno.

Storie di passanti che mi camminavano di fianco, storie liete o drammatiche di binari paralleli che non si sarebbero mai incrociati. La mia attenzione cadeva, ancora una volta sugli anziani soli, alcuni dei quali arrancavano lentamente, la schiena china curvata dal tempo e dalle malattie, verso l'ingresso. Alcuni alzavano il volto e mi guardavano come volessero dirmi qualcosa. Per un attimo mi coglieva la voglia di fermarli e chiedergli: «Mi dica, posso fare qualcosa per lei?». Ma, in questa società, dove dominano i moduli della privacy, hai quasi il pudore di chiedere, di invadere chissà quali segreti e ti fermi per un attimo, per poi riprendere il tuo passo mentre loro abbassano la testa verso il selciato, forse delusi di non averti potuto raccontare le loro storie. E con la dignità di chi sicuramente è vecchio e probabilmente povero e malato, affrontano la strada con il loro passo incerto e le loro schiene piegate.

Davanti alla vetrata automatica dell'ingresso principale un fiume di gente entrava e usciva. In mezzo a loro un piccolo cagnolino bianco e nero si dava un gran daffare camminando avanti e indietro verso la porta scorrevole, senza mai varcarla, quasi un segnale misterioso lo bloccasse quando arrivava al confine.

Aveva il pelo ispido e brizzolato in alcuni punti. Era sicuramente un cane molto vecchio, ma non era magro e il mantello era ben curato, senza segni di sporco o di fango. Saltellava continuamente evitando la gente che usciva. Guardava a testa alta oltre l'ingresso, oltre quel confine al quale si avvicinava e non osava varcare, quasi un filo elettrico lo respingesse appena tentava di oltrepassarlo e correre per quei corridoi che gli erano proibiti.

Gli occhi erano attenti, la lingua rosa in fuori. Respirava velocemente a causa della sua frenetica attività di saltapicchiare da una parte all'altra alla ricerca di qualcuno. Ogni tanto la coda si metteva in movimento e, scansato un gruppetto di persone, si indirizzava risoluto verso qualcuno fiutandolo per un istante. Poi tornava indietro deluso al suo posto, mettendosi seduto davanti alla folla che incessantemente entrava e usciva.

Un cane solo davanti all'ingresso di un ospedale attira l'attenzione e infatti numerose persone si fermavano per pochi secondi e si abbassavano sussurrandogli qualche parola. Qualcuno si spingeva ad accarezzargli la testa e lui arrestava, per un attimo, la sua frenetica danza. Notavo che in genere erano giovani o anziani. «Che fai qui? Aspetti qualcuno?», «Guarda, sembra proprio che aspetti il suo padrone. Magari è ricoverato, magari…», «Secondo me si è perso e ha sbagliato posto: qui vicino c'è un supermercato».

Ormai era più di mezz'ora che osservavo quella scena. Il mio appuntamento sarebbe saltato e avrei pagato la relativa sanzione per non avere avvertito ventiquattro ore prima e non avere una seria giustificazione della mia assenza. Contemplare un cane che aspetta il suo proprietario davanti alla vetrata dell'ospedale non è ritenuta, e a ragione, una scusa plausibile.

Era un esame di controllo e poteva ben attendere qualche giorno in più, mentre non potevo certo mancare il fatidico momento, quando il cagnolino sarebbe balzato tra le braccia del padrone ritrovato.

Dopo un'altra mezz'ora invece dovetti constatare che il cane cominciava a diminuire l'intensità della sua ricerca. Sembrava stanco o forse deluso. Annusava i calzoni di qualche persona che usciva di fretta, ma aveva smesso di scodinzolare e se ne stava fermo seduto, lanciando qualche occhiata al parcheggio oltre la strada. Ormai non era più un cane che aspettava il suo padrone, ma un cane che lo aveva perso.

Stavo avvicinandomi allo sportello dell'accettazione per informarli di quanto accadeva appena al di là della vetrata, quando, voltando la testa non lo vidi più. Tornai indietro mescolandomi alla folla in uscita. Il cane si era allontanato e se ne stava seduto sulla corsia dedicata ai disabili, annusando ogni tanto per aria, la coda immobile, l'espressione ormai intristita.

Decisi che era venuto il momento di intervenire d'autorità e, in pochi passi, gli ero davanti. Ricordo uno sguardo fisso, severo, quasi un rifiuto deciso, sottolineato da una leggera increspatura delle labbra e delle orecchie, poi una rapida corsa oltre la strada, verso lo sconfinato parcheggio dove sparì ingoiato da un fiume di macchine che ruggivano alla disperata ricerca di un posto libero.

Ignoro che fine abbia fatto quel piccolo botolo bianco e nero, ma mi piace pensare che la vecchiaia gli avesse fatto perdere l'orientamento e abbia trovato nel parcheggio chi cercava davanti alla vetrata dell'ospedale. Ma l'amaro che sento ancora in bocca mi ricorda che la vita non è una fiaba.

Il trader

Ho letto la notizia di un agente finanziario americano che si era rovinato schiacciando un tasto al momento sbagliato mentre faceva acquisti e vendite in borsa.

Mi pare fosse pubblicata sul "Daily Mail" che riportava la morte dell'uomo.

Il gatto vendicativo ce l'ho messo io.

Erano due ore che lavorava ininterrottamente, tenendo d'occhio i movimenti del comparto telefonico. Quello sì che era un lavoro galvanizzante. Vendere e comprare azioni in tempo reale attraverso il computer. Altro che andare a insegnare matematica a una torma di mocciosi disobbedienti.

Se pensava ai sacrifici fatti dai suoi genitori per mandarlo all'università e agli anni passati sui libri, mentre i suoi amici che già lavoravano potevano permettersi la cena fuori e la discoteca, sabato e domenica, gli veniva un versamento di bile.

L'unico stipendio che entrava in casa era quello di suo padre, impiegato statale con moglie e tre figli a carico. La madre arrotondava sfruttando una rara abilità a ricamare e vendendo qualche opera delle sue mani ai vicini di casa, ma i soldi non bastavano mai.

Alla fine, si era laureato e aveva vinto un concorso come insegnante nelle scuole medie. Francamente avrebbe preferito mettere le sue capacità a frutto nella ricerca, ma si trattava di un percorso lungo e costoso e, a casa c'erano due fratelli minori da aiutare. Così entrò nel corpo insegnante e se andava con la mente a tutti gli anni gettati via in quelle aule di scuola, dove ragazzini maleducati e rissosi non ascoltavano nulla di quello che lui diceva, per poi pretendere la sufficienza, gli veniva il vomito.

Era il classico insegnante giovane che non brillava per il polso duro e i ragazzi ne approfittavano dandogli del tu e facendo scherzi pesanti. L'ultimo, quello che aveva fatto traboccare il vaso, era stato quello di un alunno che si era presentato all'appello, poi era sparito. Il suo compagno di banco gli aveva portato un messaggio scritto su un foglio a quadretti: *"Me ne vado da questo mondo, caro il mio professore. Di me non ha capito niente"*.

Col cuore in gola aveva chiamato i Carabinieri, mentre gli affiorava il ricordo di qualche giorno prima, quando lo aveva ripreso in modo un po' stizzito per l'ennesima mascalzonata. Alla fine, si scoprì che era un ennesimo scherzo. Fu quel giorno che prese la decisione. I genitori gli avevano impartito una solida educazione e non riusciva più a tollerare che dei ragazzini si prendessero gioco di lui, e degli altri insegnanti, in questo modo sguaiato e sfacciato.

Aveva sollevato più volte il problema durante le riunioni con gli altri docenti, ricevendo tutta la comprensione e solidarietà. A parole. Alcuni non volevano prendere provvedimenti seri nei confronti dei ragazzi per paura della reazione che avrebbero avuto i genitori. Altri, specie i più giovani, si consideravano fortunati per avere trovato un lavoro e non volevano noie con la presidenza e il collegio dei genitori. «Sì, certo, hai perfettamente ragione, però…» e allargavano le braccia. Il preside invitava alla tolleranza, dicendosi sicuro che si trattava di ragazzate, dovute a un'educazione eccessivamente permissiva e che proprio la scuola doveva vicariare questa carenza, ma con molto giudizio e comprensione perché il pugno duro avrebbe, secondo lui, soltanto aggravato la situazione.

Si fermò un attimo e socchiuse gli occhi rivedendo la scena del suo congedo. Quella mattina aveva interrogato mezza classe, distribuendo dei "tre" e dei "quattro" a pioggia. Anche un "due" per la verità, che non si ricordava da quando l'edificio scolastico era stato costruito. Lasciò al bidello di sedare la rabbia dei ragazzi che rovesciavano i banchi e si avviò verso l'ufficio del preside entrando senza bussare. L'uomo non gli voleva credere ed era rimasto impietrito, dopo avergli detto: «Si accomodi pure e mi esponga qual è il suo problema». Tutte le volte che ci pensava se la godeva un mondo.

«Il mio problema è che mi sono rotto le palle» aveva esordito di fronte all'illustre cattedratico, «e dal momento che mi ci vorrà molto tempo per rimetterle assieme, volevo dirti personalmente addio, caro collega. Ho piena fiducia che ti farai latore, presso il corpo insegnante, del mio saluto e soprattutto della reale motivazione che mi ha portato alla decisione di abbandonare questa scuola di merda. Se lo preferisci, naturalmente, sono disponibile a esporre l'argomento durante una riunione plenaria dei colleghi nell'aula grande». Si era alzato dalla poltrona, mentre la bocca dell'anziano insegnante disegnava una "O" d'incredulità, aveva afferrato la vecchia penna d'oca bianca che il preside teneva come una reliquia in un calamaio pieno di inchiostro e aveva scritto nel registro al centro della scrivania: *"Addio, sfigati. Riccardo detto Rick"*.

Negli ultimi due anni aveva ripreso a frequentare un vecchio compagno di liceo che lavorava per un importante istituto finanziario gestendo il cosiddetto *private*, in sostanza il patrimonio sostanzioso di pochi clienti che disponevano di oltre un milione di euro liquidi. A lui spettava fargli guadagnare il più possibile lavorando sul mercato, prevalentemente azionario, di tutto il mondo.

Naturalmente il suo amico investiva anche per se stesso e, una sera a cena, gli disse: «Dammi 10.000 euro, non di più e vediamo cosa ne cavo in tre mesi». Lo mise alla prova.

Dopo tre mesi, si vide restituire 11.000 euro netti. Il 40% su base annua.

Sempre più spesso frequentava casa sua dove assisteva, in silenzio, al suo lavoro che aveva qualcosa di magico e affascinante. I numeri correvano veloci sullo schermo e lui consultava grafici e meditava alcuni secondi con la testa tra le mani. Poi, animato da un vigore che non gli aveva mai conosciuto, batteva forsennatamente sulla tastiera fino a urlare: «Così, così... Vai su bella, vai che ti tengo. E vai!» e si alzava trionfante dopo avere battuto il tasto di invio così forte da rischiare di romperlo. E così, a forza di lezioni pratiche, si era avvicinato al mondo dei broker di se stessi, passando ore e ore davanti allo schermo del PC, soggiogato da quella roulette che era il trading, ovvero l'acquisto e vendita di titoli in modo puramente speculativo. Non importava, gli aveva insegnato il suo amico, se, vendendo quel titolo guadagnavi poco. Il trader doveva accontentarsi perché quel poco si assommava a un altro "poco" e alla fine il risultato era soddisfacente e avevi portato a casa pane e companatico. Lo aveva sempre messo in guardia dal guadagno facile e rapido di cifre importanti. Finivi nel tritacarne, nella spirale dei frequentatori del casinò dove, alla fine, è sempre il banco a vincere.

Si allentò la cravatta, e riaprì gli occhi soddisfatto, mettendosi subito a seguire febbrilmente un titolo che aveva raggiunto lo stop. Inserì la password, formulò l'ordine d'acquisto e schiacciò il fatidico *Send*. Andato. Dopo pochi secondi, il video lo informava che il suo ordine era stato evaso e che possedeva 20.000 euro di titoli della *DualTel Corporation*.

Passarono non più di cinque minuti e le *DualTel* aumentarono improvvisamente del cinque per cento. Riformulò un ordine di vendita. *Send*. Andato. Il video lo informò che l'ordine di vendita era stato accettato. «Wow» urlò. Guadagnati 1000 euro in quattro minuti. Mica male. Trangugiò d'un fiato un doppio bourbon.

Adesso stava osservando un titolo che era famoso fra gli intenditori per le sue forti oscillazioni. Saliva e scendeva del venti per cento in pochi minuti. Si diceva che avesse reso ricchi molti trader e altrettanti, o forse più, ne aveva rovinati. Era un titolo rischioso e non se la sentiva di agire da solo. Prese in mano il cellulare e chiamò il suo amico.

«Lascia stare Rick, non è roba per te. È poco tempo che fai questo lavoro e finora ti è andata bene. La fortuna aiuta sempre i principianti. Stai sull'alto flottante e su titoli che hanno un nome e una sostanza. Magari non diventerai ricco sfondato in due giorni, ma non ti troverai a dormire sotto un ponte, con i creditori alle calcagna. Da' retta a me, Rick, usa la testa e abbi pazienza» concluse l'esperto di titoli azionari.

«Pazienza un corno» pensò a voce alta, «fai tanto il brillante, ma quando c'è da rischiare te la fai sotto. È una settimana che confronto le nostre performances. Ormai il dilettante sei tu, bello mio». Schiacciò nervosamente l'interruttore che spegneva il telefonino e decise di tentare la prima volta con il minimo.

Appena scese di dieci punti si mise a battere sulla tastiera e inviò l'ordine di acquisto. Con il cuore in gola attese quasi un'ora. Il titolo schizzò su di venti punti. Immediato partì l'ordine di vendita. «Wow!» urlò alzando le mani al cielo, «Te l'ho detto coglione che sei un dilettante al mio confronto. Del resto, la differenza tra un ragioniere e un laureato in matematica si deve pur vedere no?». Fece per versare un'altra generosa dose di bourbon, ma la bottiglia era vuota. La scagliò nel cestino della carta, con il rischio di romperla e guardò nella vetrinetta dietro la scrivania. Niente più whisky. Afferrò una bottiglia di rum delle Barbados e, dopo averla aperta con gli occhi incollati sul video, se la mise a collo, incurante del rivolo che colava sulla camicia.

Con il mozzicone della sigaretta fumata accese quella nuova che si era appena infilato tra le labbra. Il titolo scese di dieci punti, ancora in un batter d'occhio. Stava per battere un ordine più pesante di acquisto, quando improvvisamente il video traballò e la spina della periferica si allentò oscurando il monitor.

«Maledetto, stupido, idiota di un gatto scemo». Il grosso soriano era saltato sulla sommità del cabinet e, da lì, sopra il monitor. L'uomo riaccese il computer. Il titolo era già schizzato su di trenta punti. «Maledetto idiota di un bastardo di mille incroci» urlò verso il gatto, voluto peraltro da sua moglie e sopportato da lui per una questione di pace familiare. Non si accorse che la moglie era alle sue spalle.

«L'idiota sei tu che ormai non hai in testa altro che quello stupido gioco succhiasoldi. Ma guardati allo specchio. Sei sudato, hai le vene del collo gonfie, la faccia paonazza e bevi come un imbuto. Vuoi dare la colpa a un gatto per tutti i soldi che alla fine perderai?».

«Taci tu, che devi solo ringraziarmi per averti tirato fuori da un lurido buco. Come faresti, senza i miei soldi a stare in casa tutto il santo giorno a truccarti? Se non fosse per i miei soldi, come faresti ad andare a teatro, sfoggiando l'ultima parure davanti alle tue amiche? Maledizione, mi stai facendo perdere il trend, tu e quell'inutile sacco di pulci. Perché non vai a trovare tua madre in ospedale, che ha tanto bisogno di te?» concluse non degnandola di uno sguardo.

Lei se ne andò sbattendo la porta e lui si rimise a battere pesantemente sulla tastiera, dopo aver ingollato mezzo bicchiere di rum. Larghe chiazze di liquore sporcavano il tappetino dove scorreva il mouse.

Il titolo era tornato giù di quaranta punti di botto. Non era mai successo, ne era certo, perché ne aveva studiato l'andamento giorno per giorno da quando era stato quotato in borsa. Quaranta punti sotto. «Gesù, è il giorno che divento ricco sul serio!».

Preparò, con ogni cautela, una simulazione. L'acquisto di un milione di euro e il calcolo delle probabilità di guadagno o perdita. Si spinse nel gioco fino alla richiesta definitiva di conferma da parte del programma. Ogni tanto lo faceva, così per il brivido del divertimento, per sentirsi un Dio della finanza con il mondo economico ai piedi. Guardava con un misto di fascino e di terrore quel tasto che, se battuto, lo avrebbe reso proprietario di un'immensa fortuna. Temporanea naturalmente, perché bisognava vedere cosa avrebbe fatto il titolo. In base al calcolo delle probabilità, l'azione, per oltre il novanta per cento, sarebbe risalita di almeno venti punti nell'arco di un'ora facendogli guadagnare una fortuna che lo avrebbe indotto a smettere, o forse no. Sogni comunque, simulazioni perché, alla fine, bisognava battere quel tasto. Non ancora pronto per un salto simile.

Mentre si vuotava un altro bicchiere, il gatto era salito silenzioso sulla scrivania e zampettò veloce sulla tastiera, mentre lui gli dava una manata per cacciarlo via. Un piede era già finito sul tasto *Send*. L'ordine era partito. L'uomo, la camicia sudata e sporca, guardò con orrore la finestrella bianca che, in una frazione di secondo divenne blu e poi verde. La transazione era stata effettuata. Aveva appena acquistato titoli per un valore di un milione di euro.

Come affascinato dallo sguardo di un cobra, vide il titolo perdere velocemente venti punti in due minuti. Stava letteralmente crollando. Non fece in tempo a formulare un ordine di vendita, per salvare il salvabile, che comparì il termine *OUT*. Il titolo era stato sospeso per eccesso di ribasso, quindi non più trattabile e la borsa stava chiudendo.

Aveva perduto un milione di euro in pochi minuti, due miliardi delle vecchie lire ed era certo che ci sarebbero voluti anni per rifarsi, se mai fosse stato possibile. Anni magri, probabilmente enormi sacrifici per tutta la vita, oltre al disprezzo degli amici. E della moglie.

«Condoglianze signora» disse il medico legale mentre se ne andava, «purtroppo oggi l'infarto non è più una malattia solo degli anziani. Non credo proprio ci sarà bisogno di un'autopsia, ma questa decisione spetta al magistrato. Le lascio il mio biglietto da visita nel caso avesse bisogno. Tra pochi minuti arriveranno gli addetti dell'agenzia di pompe funebri che lei ha indicato. Ancora, il mio cordoglio».

Il soriano, dall'alto della libreria, contemplava con malcelato interesse quello strano andirivieni di gente ignota.

Honey

In questa storia la fantasia prende il sopravvento, ma il piccolo Chihuahua morsicatore, con la museruola di pura lana ricamata dalla "mamma", è reale come i suoi denti affondati nelle mie mani con (sua) grande gioia.

Si chiama Honey (miele) e questo non è certamente il suo nome, che non è concesso conoscere. Nella "mala" lui è Honey e basta.

Qualcuno ha provato a indagare più a fondo sulla sua nascita e sulla sua vita, ma ha fatto una brutta fine e io sono certo che non è stata proprio naturale: chi investito da un fulmine mentre dalla spiaggia si dirigeva verso il mare per farsi un bagno (cielo senza una nuvola), chi travolto da un treno che non poteva passare su binari in disuso da anni, chi trovato senza vita nel letto di uno squallido motel e sul pavimento due scarpe con tacco a stiletto di 14 centimetri e un paio di calze a rete nere.

Sì, d'accordo, l'autopsia ha dimostrato che la causa è stata un infarto, arrivando a ipotizzare uno sforzo intenso durante qualche gioco erotico un po' troppo pesante. E così si spiegherebbe la presenza

delle scarpe di una donna fuggita per non subire
guai. Quello che non è per nulla chiaro sono i sol-
chi profondi sui polsi e sulla gola, descritti nel
vero referto della vera autopsia, non quella taroccata. Ne sono venuto in possesso e sono riuscito a
mettere le mani sul fascicolo della procura.

Come ho fatto? Lasciate perdere, ho le mie co-
noscenze. Pensate che hanno perfino inventato
l'interrogatorio del custode, che avrebbe visto una
giovane donna in abiti inequivocabili chiedere del
numero di camera perché doveva consegnare dei
documenti. E, guarda caso, il custode si è allontanato qualche minuto per andare in bagno e non
l'ha vista uscire. Avrebbe atteso quattro ore, prima
di andare a bussare discretamente alla camera, in-
sospettito dalle prodezze sessuali così prolungate
per un uomo che aveva 82 anni come scritto sulla
sua carta d'identità. E peccato che le analisi di un
laboratorio, che evidentemente non sono riusciti a
corrompere, hanno dimostrato l'assenza di qualunque sostanza eccitante nel suo corpo. Un fenomeno
di virilità naturale, il vecchietto.

Tutte balle. Tutti depistaggi, credetemi. Fatto
sta che casualmente, poche notti prima, l'anziano
fosse all'*Harmony* e, dopo avere bevuto un bicchiere di troppo, abbia offeso pesantemente Honey,

davanti a tutti rivangando un vecchio litigio tra i due. Futili motivi. Sì, futili per lui ma non per Honey che è un tantino vendicativo.

Se, dopo quanto scrivo, mi dovessero trovare defunto all'interno di un ascensore in una palazzina di tre piani, sappiate che soffro di claustrofobia e, piuttosto che entrare in una di quelle bare semoventi, farei a piedi tutti gli scalini dell'Empire State Building. Quindi, fate aprire un'indagine seria, mobilitate il R.I.S. di Parma (Reparto Carabinieri Investigazioni Scientifiche), anzi no, lasciate stare Parma e i parmigiani: essendo io un reggiano chiuderebbero il caso in ventiquattro ore, dopo avere intascato il lauto premio che ho destinato alla cattura del mio assassino.

Contattate il generale Garofano. Lo so, è in pensione, ma il premio che ho lasciato è ragguardevole e poi sono certo che, per un caso simile, si rimetterebbe volentieri al lavoro. Temo sarà tutto inutile perché Honey lavora di fino e non lascia tracce ma vale la pena tentare di fermarlo.

Per quanto mi si accapponi la pelle, sento il dovere di denunciare questo pericolo mortale al pubblico, tanto più dopo il decreto secondo cui tutti i cani "impegnativi" devono essere segnalati alle autorità pubbliche, in modo che, assieme ai loro padroni, possano iniziare un percorso di rieducazione verso una normale convivenza civile.

E scrivere che Honey è un cane "impegnativo" è come scrivere che Landru era uno scapestrato. Mi vien da ridere a pensare che lui, e la sua adorabile "mamma", si siedano nell'aula ad ascoltare il veterinario di turno che parla loro di socializzazione, di famiglia, di valori e di morale. Il tempo di uscire dall'aula e qualche mano porterà nuovamente i segni indelebili della sua dentatura, piccola sì, ma generosa come poche.

Non so quante volte abbia tentato di mordermi, il giovane Honey. Non le conto neanche più. E io, che cosa gli ho mai fatto di male? Sì, va be', qualche iniezione, la ricerca disperata di una microscopica vena, un otoscopio di metallo freddo ficcato nelle orecchie per vederne il fondo, un termometro a punta flessibile e ben oliato nel sedere, ma tutto per il suo bene. Ditemi voi se uno se la deve prendere a morte per quisquilie simili.

Eppure, quello me l'ha giurata e, dopo vari tentativi, c'è riuscito a ficcarmi su un pollice quattro dentini maligni che hanno fatto zampillare il sangue come da una fontanella. Giuro che lui rideva, mentre mi tamponavo con garze e disinfettante. Si vedeva dagli occhi che era al settimo cielo. Ho detto a Mama Honey che non lo avrei più curato.

Ah, già non vi ho parlato di Ma' Honey.

Si presenta, con lui in braccio, come un'adorabile signora anziana, dai modi eleganti, ben vestita con ampie gonne a fiori, l'eterno sorriso sulle labbra, il profumo con fragranze di agrumi e un parlare appena sussurrato. Be', non fatevi fregare. Non so chi dei due sia peggio, so solo che vivono in piena armonia.

Dopo i buchi nella mano, ho detto a Ma' Honey che non lo avrei più curato, che mi sarei rifiutato di soccorrerlo anche se stesse morendo. «Suvvia Doc» mi ha risposto Ma' con voce melliflua, «sai benissimo che non puoi sottrarti a un dovere solidamente contemplato dalla tua deontologia professionale».

Santo Dio, sono certo che Ma' segue qualche corso, non certo di riabilitazione o robe simili, ma qualcuno le insegna troppe cose sulla deontologia, sui miei doveri e i miei diritti. Ne sa più di me. Fatto sta che ha ragione. Non posso rifiutarmi di soccorrere Honey tutte le volte che mi arriva in studio con qualche ferita.

Solo in un caso potrei rifiutare il mio aiuto: se fosse moroso, ovvero se non avesse pagato la parcella precedente. Be' amici, se volete vedere i rotoli di centoni che escono dalla borsetta di Ma'… non solo paga, ma lascia laute mance alle infermiere e se ne va con il suo sorriso e il suo Honey rabberciato.

Abbiamo raggiunto un accordo, un *gentleman agreement*, come dice lei sfoggiando un inglese fluente, dato che ha fatto per anni la stilista (io credo sì e no la sarta) a Hollywood. Il patto è che, d'ora in avanti, Honey dovrà entrare in studio con una protezione delle sue ganasce. Visto che ha orrore per le museruole, che non ritiene dignitose per la sua figura, ho concesso a Ma' di cucire un'apposita protezione che lui ha voluto in pura lana merinos e di colore blu, perché ben si adegua al suo mantello miele

Una settimana fa Ma' è entrata in studio senza bussare, eludendo la sorveglianza delle infermiere. Cosa del tutto insolita, parlava con voce alta e concitata. «Doc aiuto. Honey ci ha provato». Non aveva la protezione di lana blu, ma non ce n'era bisogno. Era in stato comatoso. Un filo di saliva usciva dalle labbra, gli occhi erano spenti sotto le palpebre quasi completamente chiuse. Il cuore batteva lento e irregolare, il respiro pesante con lunghe pause.

Non ho fatto in tempo a interrogare Ma'. «Ci ha provato, Doc. Ho trovato il tubetto di barbiturici vuoto. Non chiedermi perché. Non lo so. So solo che lo devi salvare». E anche questa volta quella scorza dura di vecchio messicano ha portato fuori la ghirba e, la mattina dopo si è presentato alla visita di controllo, munito della "museruola" d'ordinanza,

Era bello vispo, anche se un po' disorientato, quasi avesse i postumi di una sbronza. «Lui nega Doc» mi ha detto Ma', sussurrando come sempre. «Dice che i barbiturici non c'entrano niente e che quello era un vecchio tubetto di pastiglie che apparteneva alla ragazza che abitava prima nel nostro appartamento. Soffriva di epilessia poverina e questo è vero, però giurerei di avere visto per la prima volta quelle compresse nello stipetto del bagno. Eppure lui dice che sono tutte str..., scusa Doc, sciocchezze, e che è stata la tequila taroccata che gli hanno rifilato all'*Harmony* la sera prima.

In effetti ho chiamato il vecchio Blind, il barista dell'*Harmony* e mi ha risposto sua nipote che facevo fatica a capire perché singhiozzava in continuazione. Da due giorni non si sapeva dove fosse e il cellulare era spento. Hanno avvertito la polizia della sua scomparsa. Insomma, lo stanno cercando dappertutto. E sì che è cieco, povero Blind. La sua vita, da quando non vede più, è sempre stata dietro il bancone del bar dove ha imparato a muoversi con una destrezza incredibile. Il boccale di birra è sempre pieno all'orlo con la schiuma rasata alla perfezione dalla sua paletta magica e gli basta sentire una voce per lanciarla sul bancone all'indirizzo giusto, come vediamo fare nei vecchi film western.

Non che il vecchio Blind sia uno stinco di santo, tutt'altro. Ha una fedina penale di tutto rispetto, ma si tratta di reati minori, commessi quando ancora aveva la vista ed era molto più giovane. Qualche furto con scasso, qualche rissa, resistenza a pubblico ufficiale aggravata dallo stato di ebbrezza, guida senza patente, vendita di alcolici senza licenza, insomma, roba da giovinastri un tantino esuberanti.

Fino a quel giorno, quando pensò bene (anzi male) di vendere all'allora proprietario dell'*Harmony* una partita di vino che sapeva adulterato. Peccato che uno di quelli della mala "seria" ne abbia bevuto una quantità tale da rischiare la vista (e il fegato). Far cantare il padrone dell'*Harmony* su chi fosse il fornitore è stato un gioco da ragazzi, un po' duri, ma di quelli che conoscono il gioco. Gli stessi che, presentatisi a casa di Blind, con una damigiana da 20 litri l'hanno obbligato a scolarsela in mezza giornata. Dopo un mese d'ospedale i medici sono riusciti a salvargli fegato e reni, ma non la vista.

Honey ha certamente riesumato questa vecchia faccenda per tirare fuori la scusa della tequila adulterata e, per rendere la storia più vera, ha fatto sparire il vecchio Blind. E spero non per sempre.

«Ma', lasciami solo qualche minuto con lui» ho chiesto a Ma' Honey. Giuro che ho provato in tutti i modi e in tutte le lingue, comprese quelle poche parole di greco antico che ricordo dai tempi del liceo. Non ha risposto a una sola domanda.

«Hai delle grane? Dei pensieri? Non mi freghi, Honey, quelli erano barbiturici. La storia della tequila vedi di rifilarla a Ma', non a me che so ancora distinguere una sbronza da un'intossicazione da barbiturici».

Silenzio assoluto, neanche una smorfia, un calare di labbra un roteare di occhi, un cenno della coda. «Vatti a fare fottere, maledetto bastardo» gli ho urlato sul muso. Sono certo che se non avesse avuto la protezione, a sentirsi dare del bastardo, non sarei qui a scrivere.

Niente. Bocca cucita, faccia da pokerista incallito.

Però non mi frega, anche perché lui non sa (il Cielo non voglia) che Ma', una sera di qualche anno prima, ha suonato a casa mia.

«Doc, ti devo parlare"».

«E dove hai lasciato la piccola canaglia?»

«È di lui che ti voglio parlare e l'ho lasciato all'*Harmony*, raccontandogli una balla».

Intuivo che aveva bevuto, ma la lingua era sciolta e la mente lucida.

«Hai del whisky?».

«Sì, del Bourbon, anche se mi sembra che tu ne abbia già bevuto abbastanza».

«Non preoccuparti. Sai che tengo l'alcol come pochi uomini e ne ho bisogno».

E quella sera, rimossi i vincoli mentali con generosa dose di bourbon, Ma' mi ha raccontato dell'infanzia di Honey, della comunità dove i genitori lo avevano lasciato, dei soprusi, dei maltrattamenti e della sua fuga. Mi ha raccontato degli alti e bassi che ne hanno costellato la vita, per la verità più i bassi degli alti. Quella sera ho capito, se non tutto, molte cose di Honey.

L'ultima volta che l'ho medicato (una strana ferita lacera), ieri pomeriggio, prima di uscire dallo studio gli ho chiesto: «Ma dimmi un po', Honey, cosa càvolo ti ho fatto se non aiutàrti e curarti e perché ce l'hai con me?». Lui sogghignava, con la bocca cucita, mentre era Ma' a rispondere «Doc, tu dovresti sapere che lui non può capire. I Chihuahua parlano solo la lingua dei toltechi, il Nauhatl. Potresti fare un corso. Ce n'è uno discreto a Edimburgo e dura solo due anni».

Io lo dovevo denunciare, capite? Ora però non chiedetemi dove vive, quanti anni ha, come si chiama Ma', in quale bar fanno colazione. Ho un maledetto segreto professionale che mi vincola, anzi due: veterinario e giornalista. E Ma' Honey lo sa bene, lei e la sua deontologia. Inutile che andiate all'*Harmony*, non lo frequentano più.

A proposito, Blind, non l'hanno mai più trovato. Al suo posto ora c'è Marta la nipote e si dice che venda la migliore tequila di New York.

Così, giusto per dovere di cronaca.

Joker

Questa vicenda me l'ha raccontata tanto tempo fa un giovane circense mentre, nella sua roulotte, aspettavamo la jeep che mi avrebbe portato a vistare un malato con il quale si esibiva una giovane acrobata.

La mamma chiamò il bambino. Da diversi altoparlanti distribuiti in vari punti del parco pubblico si sentì la voce di Paperino: «Avanti Qui, Quo e Qua. Prepararsi alla svelta e avviarsi all'uscita. Il parco tra mezz'ora chiude. Vi aspettiamo alle 8 di domattina e siate puntuali. Chi dorme salta il gelato».

Era estate e quel fantastico polmone verde nella città, con i suoi giochi per bambini e i chioschi all'aperto, apriva presto la mattina per sfruttare qualche ora di fresco prima della calura pomeridiana. Alle 18 l'unico cancello per entrare e uscire chiudeva i battenti.

L'agente si sedette su di una panchina non lontano dalla cancellata. Faceva caldo ed estrasse un fazzoletto marrone per asciugarsi il collo taurino.

Nonostante si fosse decisamente abbassato verso occidente e una leggera brezza arrivasse a sprazzi a rinfrescare i volti delle persone, la divisa azzurra dell'agente mostrava, sulla schiena, una macchia di sudore contornata da un grosso alone bianco. Erano due settimane che il caldo afoso costringeva mezzo paese a riversarsi nel parco pubblico e il sindaco aveva deciso di intensificare la sorveglianza.

La concentrazione di persone attirava i malintenzionati come il miele le api. L'agente non poteva lamentarsi. Talvolta spariva qualche portafoglio, talvolta qualche furbone cercava di abbindolare la vecchietta di turno, ma niente più. Era un paese tranquillo, anche se, da qualche anno, la piccola criminalità si faceva sentire con maggiore frequenza.

Come in tutti i giardini pubblici del mondo era soprattutto la notte il periodo più delicato. C'era spesso qualche gruppetto di ragazzini che riusciva a saltare il cancello e si divertiva a spaccare lampioni, danneggiare le altalene o peggio affrontarsi per qualche rissa. Per fortuna non era ancora accaduto nulla di grave: qualcuno ci aveva rimesso un dente per un pugno e qualcun altro si ritrovava con un bozzo in testa o qualche livido per un calcio, ma non erano ancora comparse le armi e lo spaccio. *"È già qualcosa"* pensava l'agente, anche se aveva visto, in altre parti della cittadina, crescere la violenza proprio in quel modo, piano piano, passando dagli spintoni ai coltelli e poi alle pistole. Per prevenire l'escalation il sindaco aveva assicurato un servizio di pattugliamento notturno e lui stesso si era trovato alcune volte a sedare qualche spintone di troppo e talvolta risse più violente.

Ci avrebbe scommesso: pochi anni e sarebbe stato pericoloso frequentare quel posto anche di giorno, specie d'inverno, quando il clima gelido invitava ben pochi a passeggiare, i chioschi erano chiusi e, nella nebbiolina, si muovevano soggetti poco raccomandabili. Non voleva essere cinico ma lui avrebbe già goduto della meritata pensione e sarebbe toccato ai più giovani affrontare la situazione.

«Forza Jimmy, muoviti che il parco sta chiudendo» urlò la mamma all'indirizzo del figlio. Il bambino si stava avvicinandosi alla donna quando tra i due comparve all'improvviso un vecchio vestito da pagliaccio, con una lunga barba incolta, quattro palline colorate nel palmo della mano aperta. E un pappagallino piccolo, ma sgargiante sulla spalla. Un secondo prima, avrebbe giurato la mamma, non c'era. Impossibile ignorare una persona agghindata in quel modo. Doveva essersi nascosto nel folto di una siepe o dietro una pianta dal tronco secolare.

«Guarda bambino» disse il vecchio. Le palline cominciarono a roteare nell'aria simultaneamente senza cadere e il piccolo uccello colorato saltava da una spalla all'altra incrociandole senza toccarle e farle cadere. Il bambino guardava affascinato, con la bocca aperta, quell'esibizione che pareva uscita da un sogno o da uno spettacolo che si poteva vedere solo al circo. La donna invece era molto attenta a che il vecchio non si avvicinasse ulteriormente.

«Signore» lo apostrofò turbata, «la sua esibizione è bellissima, ma la prego di andarsene per cortesia e di non avvicinarsi al mio bambino. È tardi, lasci che torniamo a casa». Guardò verso la panchina. Era vuota. Evidentemente in quei due minuti l'agente se n'era andato. E proprio quando c'era bisogno di lui. L'uomo continuava a far danzare le palline davanti agli occhi stupefatti del bambino che rideva guardando il pappagallino schivarle con abilità. Il vecchio fece un passo avanti.

«Senta» riprese lei sempre più impaurita, «ora chiamo la guardia e...».

«Non ce n'è bisogno, signora, sono qui». Dietro di lei l'agente sorrideva. Le chiazze di sudore, adesso che si era alzato, cominciavano a bagnare anche la camicia davanti. «Non si preoccupi. Il vecchio Joker non fa mai male a nessuno, anzi vuole soltanto fare divertire i bambini. Lei non lo conosce perché evidentemente abita qui da poco tempo. Tutte le persone che frequentano abitualmente il parco lo conoscono e tutti gli vogliono molto bene». Poi si rivolse all'uomo vestito in modo sgargiante. «Però adesso è tardi, vero Joker? Ti spiace avviarti verso l'uscita e aspettami davanti al cancello. Usciamo assieme, vuoi?».

Il vecchio lo guardò sorridendo e fece cenno di sì con la testa. Raccolse le palline nelle capienti mani, mentre l'uccellino si rannicchiava sotto il suo cappello da mago. «Sicuro, Tommy. Ormai Paperino ha parlato e tu devi chiudere. Joker ti aspetta, come al solito, vicino al cancello per salutarti». Si avviò lungo il viale alberato strascicando il passo.

«Mi segua pure» continuò la guardia, «mentre usciamo le racconto la storia di Joker. Il suo vero nome è Ferenc e, fin da giovane, la sua passione è sempre stata quella di fare magie, illusioni, di sorprendere tutti con i suoi abilissimi trucchi. Era stato il nonno, di origine ungherese, che aveva notato il suo straordinario talento. Lui aveva lavorato per quasi vent'anni in un circo famoso, come trapezista. Aveva girato tutto il mondo e visto migliaia di esibizioni di magia e illusionismo. Ma quel ragazzino aveva qualcosa in più, per la sua giovane età, qualcosa che doveva ancora esprimersi appieno. Mentre i genitori riprendevano il nonno perché volevano per il loro bambino tutt'altro tipo di lavoro, lui, di nascosto, gli insegnava quel poco che aveva imparato di trucchi e magie, fino a quando, nell'arco di poco tempo, non poteva fare altro che rimanere a sua volta stupito di quanto quello che era un ragazzino, ma ora era un ragazzo maggiorenne, sapeva inventare.

Un giorno, con grande sconcerto dei genitori, riuscì a entrare in un gruppo di girovaghi che proponevano i loro spettacoli nelle piazzette di paese. Niente di trascendentale, ma era, a suo modo, un piccolo circo con tanto di biglietto da pagare, un piccolo album di fotografie dei protagonisti e uno spettacolo di tutto rispetto, degno di essere visto.

Capitò anche qui da noi una volta. Era una sera, calda come questa, e il gruppo di circensi, formato da una ventina di persone per lo più molto giovani, aveva innalzato una tenda nel centro della piazza, là dove ora c'è quella statua» alzò il braccio a indicare un monumento equestre, oltre il muretto di recinzione del parco.

«Me lo ricordo bene il giovane Ferenc» proseguì l'agente, «era irresistibile quando compiva magie di cui era impensabile indovinare il trucco ed era anche un ottimo clown che faceva impazzire di gioia i bambini. Una battuta dietro l'altra, cambi di vestiti improvvisi quanto inaspettati e la capacità di suonare sei strumenti contemporaneamente. Dopo le sue esibizioni, applausi, fischi e grida non finivano mai. Erano tutti per lui. Finito lo spettacolo me lo ricordo attorniato da uno stuolo di bambini che gli chiedevano di rimettersi il nasone rosso con i puntini bianchi e di rifare la gag del lupo che tenta di mangiare l'agnello e non ci riesce per l'intervento della volpe. Ridevo anch'io a crepapelle.

Ricordo che la domenica dopo andammo in un paese qui vicino solo per rivedere lo spettacolo, ma soprattutto per ridere di fronte a quel mago e a quel clown dotato di così grande talento. Fu notato, ben presto, per le sue rare capacità e cominciò a lavorare in circhi di maggiore prestigio. Gli impresari erano impressionati più dalle capacità del clown che da quelle del prestigiatore, che comunque non erano di second'ordine. In due minuti sapeva ridurre una platea, che prima sghignazzava, in singhiozzi, per poi farla tornare a ridere fino alle lacrime. Dedicava sempre meno tempo all'illusionismo e lavorava sodo, davanti allo specchio, con i suoi strumenti, le tute sgargianti infilate una sull'altra, le gestualità intense che avevano il potere di commuovere o divertire Quando smetteva i suoi travestimenti, nelle prove o dopo gli spettacoli, si ritirava, da solo, nella sua roulotte dove viveva in modo sobrio, anche se gli impresari gliene avevano regalata una dotata d'ogni comfort che spesso lui non sfruttava.

Nessuna donna, pochissimi amici, più che altro conoscenti. Non aveva mai legato con i compagni di lavoro, se non durante lo spettacolo o le prove. L'unico vero amico che aveva Ferenc era un coniglio bianco che chiamava White.

Un giorno, stanco di fare ormai sempre e soltanto il clown, decise di riprendere in mano le illusioni e le magie e cominciò a riprendere i vecchi allenamenti del prestigiatore che avevano fatto un po' di ruggine, con il tempo. Spesso seguiva attentamente le esercitazioni di un famoso fantasista lettone, di cui ora non ricordo il nome. Prese a frequentarne la tenda mentre lui si allenava.

L'artista era un altro fenomeno di grande classe e in più amava molto pavoneggiarsi della sua bravura. Accettava di buon grado ospiti ad assistere mentre si allenava, ma quando capì che Ferenc stava imparando i trucchi del mestiere, fece sapere in giro che non era più il benvenuto e che avrebbe fatto meglio a starsene nella sua roulotte costosa fra i nasoni rossi e le sue trombette dorate.

Fra i due cominciò a serpeggiare un livore che sfociò ben presto in tragedia. Una sera, mi pare a Londra, Ferenc decise di terminare il suo numero di clown con la classica estrazione del coniglio dal cilindro. Lo aveva preannunciato durante le prove con la disapprovazione degli impresari che non desideravano invasioni di campo e sotto lo sguardo maligno dell'illusionista lettone. Era un numero molto caro al fantasista dell'est che spesso lo teneva come botto finale delle sue esibizioni. Invitava uno del pubblico ad affondare una mano nel cilindro vuoto, per poi estrarne, subito dopo, un bel coniglietto bianco, tra gli applausi di una folla incredula.

Lo stesso fece Ferenc che non si era lasciato intimorire dalle minacce che, per vie traverse, gli erano arrivate all'orecchio. Quando la ragazza del pubblico fece cenno che nel cilindro non c'era niente, lui afferrò White e si accorse subito che qualcosa non andava. Il cono di luce era su di lui.

Qualcosa di bianco cominciava a uscire dal cilindro e gli applausi iniziarono a rimbombare sotto il telone. Il coniglio però mostrava brevi e secchi sussulti e poi divenne rigido. Quando Ferenc si portò la mano sinistra alla tempia e dalla bocca di White cominciò a uscire un rivolo di sangue che colava sui trucioli di legno chiaro, dalla prima fila iniziarono le urla di orrore.

Non si trattava di uno scherzo né di un pezzo da prestigiatore. White era morto davvero. E in modo orribile.

Nei giorni seguenti Ferenc non si dava pace per la perdita del suo amico e non aveva alcun dubbio su chi aveva ordito quell'infame trama. Qualche pezzo grosso, del mondo circense, era arrivato a manifestare pubblicamente la sua convinzione che White fosse stato avvelenato dal giocoliere orientale, roso dall'invidia per il suo lavoro.

Per l'artista lettone fu l'emarginazione, tanto che dovette ritornare a lavorare in circhi minori nel suo paese per potere sbarcare il lunario. Ferenc cadde in un profondo esaurimento nervoso e abbandonò per molto tempo il palcoscenico.

Il rapporto tra il clown e quell'animale era talmente forte che, nonostante il conforto dei compagni, Ferenc perdette quasi completamente la ragione. All'età di cinquant'anni la sua mente era regredita a vent'anni, quando aveva iniziato a fare il pagliaccio nelle piazzette di paese con il suo naso rosso e i puntini bianchi.

Una mattina arrivò, vestito da pagliaccio, davanti alla roulotte dove il giocoliere lettone viveva con la sua donna. Piangeva e rideva e impugnava un coltellaccio di plastica. Tutti pensavano che fosse rinsavito e si cimentasse in una nuova gag, fino a quando qualcuno si accorse che si stava dirigendo verso la porta della roulotte e che la plastica era sparita dal coltello, la cui lama brillava scintillante.

Lo fermarono appena in tempo. Ferenc, sfondata la porta con un calcio, aveva già vibrato due coltellate al fianco dell'illusionista che giaceva a terra in un lago di sangue. La sua donna si gettò a proteggerne il corpo dal terzo colpo, quello che sarebbe stato mortale. Quei pochi secondi di indugio salvarono la vita al fantasista.

Dicono che Ferenc non oppose resistenza ai suoi compagni che avevano bloccato la mano con il coltello ancora pericolosamente alzato. «I vigliacchi non meritano la morte» pare abbia sibilato verso il giocoliere a terra, «meritano di vivere nel terrore che arrivi inaspettata, prima o poi, magari vestita come un clown».

Ferenc scontò quindici anni di prigione a Londra dove uscì in anticipo, sulla pena comminata, per buona condotta. Si stabilì cinque anni fa nella nostra cittadina e i ragazzini lo chiamano Joker. Tutti i giorni lo trova al parco, vestito da clown, con le sue palline colorate. Se viene la mattina presto lo può trovare nella piccola stalla annessa all'abitazione del custode. Ci sono alcuni coniglietti nani che fanno la gioia dei bambini. Deve vedere come Joker se ne prende cura. Passa l'intera mattinata a parlare ai bambini di come vivono i coniglietti, di cosa mangiano, di come si comportano e quando racconta lo fa con grande naturalezza, intervallando qualche battuta che probabilmente viene a galla dal profondo della sua mente turbata. Deve vedere i ragazzini! Se ne stanno incollati alle sue labbra e non vorrebbero che smettesse di parlare».

«Erano arrivati ormai in prossimità del cancello e l'agente si voltò per controllare che non ci fosse più nessuno dietro di loro. Joker li attendeva e gli augurò una buona serata non senza guardare con un'espressione di velata malinconia la porta del parco che si chiudeva.

«Joker non vorrebbe mai che si chiudesse. Vorrebbe sempre stare accanto ai suoi coniglietti e ai suoi bambini» spiegò alla donna la guardia.

Si rivolse al vecchio: «Forza Joker, domattina si riapre presto».

Il clown si avviò verso le luci rutilanti, che si accendevano nei viali e nelle case della cittadina, con il suo passo strascicato. Sul suo volto era tornata un'ombra di sorriso.

Nanuk

In un vecchio testo di malattie delle scimmie, l'autore mette in guardia i veterinari che vogliano occuparsi di primati. "Sappiate che hanno quattro estremità prensili, talvolta cinque con la coda, e ragionano spesso come voi. Io vi ho avvertiti".

Questo racconto vero in tutto dimostra che aveva ragione.

Li avevo conosciuti per caso. Una sera, alcuni amici mi avevano invitato a cena in un ristorante della "bassa" reggiana decantandomi le portate squisite di pesce, soprattutto gli antipasti e le linguine con le vongole veraci che erano la specialità della casa. Il tutto accompagnato da un vinello bianco frizzante, che gli amici definivano di notevole profumo, spillato da una sorta di botticella a lato del bancone.

Confesso di essere un buon *gourmet* e di apprezzare il buon vino, soprattutto quello fruttato alto atesino, oltre al nostro ingiustamente insultato (da piemontesi, toscani e veneti) lambrusco, a causa della sua scarsa corposità e bassa gradazione. Va be' e a me non piacciono i rossi "strutturati", chianti, barolo e merlot. Tiè, così siamo pari.

Chiedo venia per la digressione, ma è motivo di costanti polemiche e sfottò con gli amici di quelle regioni che definiscono il nostro amato lambrusco la Coca Cola emiliana.

E torniamo alla cena che, devo dire, aveva mantenuto ampiamente le aspettative con una lieta nota anche per il conto, assolutamente proporzionato alla qualità e quantità dei piatti. Fatto sta che la settimana successiva eravamo ancora lì e, siccome avevamo tirato un po' tardi, un giovane che ci aveva serviti, chiese il permesso di sedersi offrendo il bicchiere della staffa.

Era uno dei nuovi proprietari. Con la sorella e un fratello, tutti molto giovani, avevano affrontato l'avventura di gettarsi sulle specialità di pesce marino in un locale che poteva destare qualche perplessità, visto che si trovava in piena pianura padana a cinque chilometri dal Po. Ci raccontava che avevano abbracciato una filosofia molto severa, ma che speravano li avrebbe ripagati nel tempo. Rigore con i fornitori sulla qualità dei prodotti e nessun timore di confessare al cliente che, quella sera, non c'erano il branzino o gli scampi perché non erano altezza di quello che desideravano portare ai tavoli. L'offerta ridotta contribuiva a evitare sprechi e mantenere un conto finale soddisfacente.

Mentre parlavamo, entrò nel locale un magnifico cane di Terranova che, non visto dal personale e dal proprietario che gli dava di spalle, si avvicinò deciso a me piazzandomi una calda lingua su un braccio.

«Ah, mi spiace!» si scusò subito il giovane prendendo il cane per il collare, «Non abbia paura, è buono come il pane e perfettamente sano».

«A parte forse una discreta displasia dell'anca che si vede dall'andatura» gli risposi sorridendo e alzandomi per carezzare il cane.

«Non mi dica che fa il veterinario…».

«Ebbene sì, lo confesso. C'è di meglio lo so, come aprire un ristorante di pesce in riva al Po».

«E adesso non mi dica che si occupa anche di orsi…».

«Forse è la sua sera fortunata. Ho lavorato diversi anni in un piccolo giardino zoologico dove avevamo due orsi dal collare».

«Dice sul serio o scherza?».

Mi venne in aiuto un amico che gli spiegò lo sconcerto del presidente di commissione, all'esame di laurea, quando si rese conto che la mia tesi riguardava le malattie dei serpenti. Stessa cosa pensata dai commissari che però avevano tutti alzato gli occhi dal giornale sul quale indulgevano quando lo studente parlava di cimurro, peste suina o afta epizootica. Alla fine, però ricevetti il massimo dei voti e il presidente, congedandomi dopo la tesina, mi disse: «Caro dottor Grazioli, non credo diventerà ricco curando serpenti, ma la nostra attenzione l'ha ottenuta».

Quando il giovane realizzò che tipo di veterinario ero, mi spiegò che, con i suoi fratelli, andava d'accordo anche per gli animali che tutti adoravano e venni a sapere che aveva costruito, a lato del ristorante, alcuni recinti che avrebbero ospitato animali reietti o in difficoltà. Il prossimo mese doveva arrivare un orso bruno anziano che un circo aveva "dismesso". Attualmente era alloggiato nella carrozza di un vecchio treno vicino al ristorante di un amico che si prestava a dargli da mangiare quel che rimaneva di pranzi e cene.

«Verrebbe con me a dargli un'occhiata?».

La carrozza, nella campagna della bassa mantovana era un disastro e il povero orso aveva i piedi coperti dal guano. Nebbia e gelo erano i suoi compagni.

«Se non lo tiriamo fuori di lì, gli do pochi mesi di vita» dissi al giovane. Gli diedi qualche suggerimento per il recinto e, dopo venti giorni, l'orso era in un luogo da sogno, dotato di grotta in sassi e vasca infossata per fare il bagno. Dopo due mesi di buona alimentazione non sembrava più lui e i clienti facevano carte false per avere il permesso di andarlo a vedere.

Dopo questo episodio nacque un'amicizia stretta e un rapporto professionale serio e onesto.

Nel tempo i recinti si moltiplicavano e arrivavano animali di varie specie. Talvolta dovevo impormi per evitare che esagerassero con specie che potevano essere pericolose. Da sempre gli animali tendono a fuggire dai recinti e talvolta ci riescono, come capitò tre anni dopo a uno dei due orsi (avrebbero preso, dopo qualche mese, anche una vecchia femmina), durante un pranzo nuziale. Ma questa è un'altra storia.

Tra gli ospiti di quello che era diventata un'oasi per animali in difficoltà, c'erano anche una scimmietta, un Cercopiteco dal Muso Verde acquistato per due soldi da un negoziante che non riusciva a venderlo e lo lasciava languire in una gabbia per conigli. In pochi mesi aveva riacquistato il suo splendore di colori e di mantello. Era lungo circa un metro, compresa una lunga coda semiprensile e poteva pesare sui 4/5 chili.

Si nascondeva volentieri tra le foglie di una pianta fronzuta che era stata inglobata nella sua alta recinzione. Era un maschio giovane, ma già incline a mostrare un caratterino non proprio affabile nei confronti dell'uomo.

Avevo avuto a che fare per molto tempo con un soggetto acquistato giovanissimo da un cliente* e sapevo che, entrando nella maturità, questa scimmia, abituata a stare in branco, mostra il suo vigoroso carattere e può diventare molto pericolosa per chi non la sappia gestire opportunamente.

Un giorno mi chiama uno dei fratelli e mi dice: «Doc, abbiamo bisogno di spostare, almeno temporaneamente, Nanuk in un altro recinto perché arriva una coppia di Tucani che hanno bisogno di un posto non ampio, ma molto alto. Lui lo spostiamo in quello nuovo che hanno finito ieri: è un po' più basso, ma c'è una bella pianta dentro con parecchio fogliame che non cade d'inverno. Oltretutto è anche ben protetto dal freddo. Si troverà benissimo. Ieri abbiamo tentato di acchiapparlo con una rete. Un disastro! Si è liberato in un attimo e mio fratello si è trovato la testa avvinghiata da quattro mani e una coda. In tre per staccarlo e per fortuna che si è limitato a urlare senza mordere nessuno. Bisognerà addormentarlo».

«Se me lo dicevate prima vi evitavo un'impresa disperata e anche pericolosa perché il morso di

160

queste scimmie può causare danni veramente seri».

«Eh, sa come è fatto mio fratello… ha paura dell'anestesia, che soffra, che muoia, insomma non c'è stato verso. Ha voluto provarci. Adesso però si è convinto».

«Lo credo bene. Ci vediamo domattina presto e mi raccomando di togliere qualunque alimento a parte l'acqua».

L'indomani, una giornata invernale non fredda e senza un filo di nebbia, partivo con tutto l'occorrente per mettere a nanna Nanuk, soprattutto con molta pazienza, ben conoscendo le capacità intellettive di queste scimmie.

Giunto al ristorante, il fratello con cui avevo parlato al telefono, scese dagli scalini e mi venne incontro. Assieme, ci avviammo verso il recinto della scimmietta. C'erano già due camerieri davanti, evidentemente curiosi di assistere all'operazione. Rimasero molto delusi quando gli dissi di non volermene, ma dovevo rimanere assolutamente solo, senza nessuna distrazione, perché altrimenti rischiavo di rimanere lì tutto il giorno e non cavare un ragno dal buco, anzi una scimmia dal recinto. E guardai negli occhi anche il giovane proprietario allargando le braccia. Capì che valeva anche per lui.

Molto più impegnativo mettere in anestesia un Cercopiteco rispetto a un leone, anche se qualcuno potrebbe pensare il contrario. Certo, con il leone, spesso anziano e in non buone condizioni, il difficile è calcolare bene la dose e la miscela di farmaci anestetici da iniettare, ma centrargli la spalla mentre passeggia incuriosito rasente la rete è un gioco da ragazzi. Con la scimmietta invece è molto più semplice dosare gli anestetici, mentre centrare i muscoli di spalla o coscia quando si muove in continuazione in mezzo alle foglie mimetizzandosi, è molto complicato perché l'ago, se male indirizzato, potrebbe perforare un occhio o la gabbia toracica con esiti anche fatali.

Spariti tutti, mi avvicinai al recinto che, per fortuna era alto ma stretto. Con la dovuta pazienza potevo avere la sua spalla a un paio di metri di distanza e ho sempre avuto una buona mira.

Mentre caricavo il dardo, Nanuk "squittiva" e mi guardava con grande sospetto. Aveva già capito che non ero venuto a salutarlo. Infatti, si mise subito in posizione di difesa, dietro un ramo fronzuto, facendo capolino con la testa per osservare cosa stessi trafficando.

Con questi animali si usano dardi anestetici tanto semplici quanto ingegnosi, soffiati attraverso una cerbottana, attrezzo con il quale avevo un'esperienza infinita, maturata da ragazzino. E ometto per quali diabolici scopi, inibiti solo dall'anziano vigile in bicicletta che ci aspettava ai giardini pubblici per i rituali sequestri di fionde e cerbottane.

I dardi sono, in pratica, piccole siringhe di plastica con una camera posteriore che viene riempita di gas propellente bloccato da una specie di tappino di gomma. Davanti, viene inastato un ago a punta piena, di opportune dimensioni, che ha il foro di uscita a metà della sua lunghezza. Il foro è protetto da una minuscola fascia di plastica. Quando l'ago si conficca nel muscolo la fascetta plastificata si sposta e il gas propellente agisce spingendo il tappino con vigore e, di conseguenza, il liquido anestetico attraverso il foro laterale. E il gioco è fatto.

Se la "preda" non è una scimmia.

Io ero seduto su uno sgabello e, per una buona mezz'ora pur avendo la cerbottana carica e pronta sulle ginocchia, facevo finta di guardare nel vuoto, tenendo marcato Nanuk con la coda dell'occhio.

Lui se ne stava al riparo del ramo e ogni tanto, con un saltello, cambiava frasca tenendomi bene d'occhio. L'avevo previsto. Di solito scendeva dalla pianta, dopo pochi minuti, a mendicare un pezzo

di banana o un cornetto con la marmellata di fragole che, avevamo capito, essere per lui irresistibile.
Oltretutto era digiuno.

Tirai fuori la banana e cominciai a mangiarne
un pezzo. Gli occhietti parvero dilatarsi e, con un
saltello, si pose su un ramo più vicino, ma ancora
non a tiro. Sollevai la cerbottana e ne infilai
l'estremità attraverso le losanghe della rete, rimanendo immobile per un buon quarto d'ora.

Guardate che è lungo stare così quasi senza re-
spirare. D'altronde doveva abituarsi e convincersi
che in tutto quanto facevo non c'era nulla di pericoloso. Abbassai la cerbottana e buttai mezza banana sul terreno a un paio di metri, rimettendo subito la cerbottana in posizione di tiro.

Si avvicinò di un altro ramo, scoprendo il corpo, ma era di fronte. Troppo pericoloso anche se la
distanza cominciava a farsi interessante. Si vedeva
che cominciava a essere in seria difficoltà. Una
parte lo spingeva a scendere per afferrare la banana, mentre l'altra gli suggeriva di stare defilato,
causa un pericolo incombente.

Dopo oltre un'ora eravamo ancora in stallo. A
quel punto decisi di giocarmi l'arma del cornetto.
Se la faccenda fosse andata troppo per le lunghe,
probabilmente avrebbe vinto l'atavica diffidenza

dei pericoli costringendolo a ritirarsi nel folto delle frasche. A mezzogiorno cominciavano ad arrivare i primi clienti del ristorante e il rumore delle auto, le voci e altre distrazioni lo avrebbero convinto della sua scelta. C'era da fare sera e la paura avrebbe potuto farlo decidere di resistere ostinatamente per almeno un paio di giorni.

«Buona la banana del Nanuk» canticchiavo come un cretino, «e che buono il cornetto del Nanuk con la marmellatina di fragole. Dolce, dolce, dolce…».

Diedi un morso al cornetto e ne gettai metà accanto alla banana. Pensate a una persona che debba fare una scelta che potrebbe decidere della sua vita e potrete immaginare l'espressione di Nanuk. Fronte aggrottata, con mille rughe sottili, orecchie dritte come fusi, labbra aperte. Solo gli occhi dilatati passavano da me, che avevo rimesso la cerbottana in posizione di tiro, al cornetto, dal cornetto a me, ogni due secondi.

«Che buono il cornetto del Nanuk che ha fame, *mmm…* che buono… *gnam gnam…*quasi quasi vengo dentro e me lo riprendo». Con un solo balzo scese dal ramo e si fermò due secondi per afferrare sia il cornetto che la banana.

Ero pronto e avevo gettato le leccornie in modo che mi offrisse il fianco. Un attimo e la siringa era conficcata nella spalla. Bingo!

Nanuk si fermò immobile e, invece di tornare rapidamente sulla pianta come avevo calcolato, mi osservò con un'espressione completamente cambiata. Era quella di una persona incazzata nera.

Ci crediate o no, dopo avermi fissato alcuni secondi, con una mano si strappò la siringa dalla spalla e me la lanciò indietro con quanta forza aveva. Ci crediate o no, il dardo con l'ago ancora inastato, riuscì anche a passare tra le losanghe della rete sfiorandomi la testa di una spanna. Ci crediate o no, di questo sono capaci le scimmie.

Dopo cinque minuti sulla pianta e dopo avere mangiato banana e cornetto cominciò a oscillare visibilmente e si lasciò andare a terra circondando il tronco con le mani. Lo raccolsi mentre dormiva beato dandogli un bacetto sulla testa pelosa.

Come si fa a non adorare queste creature?

A quei tempi si poteva acquistare qualunque animale. Oggi, se non si hanno speciali permessi, l'acquisto di qualunque scimmia è vietato.

Andrea

Ho conosciuto Andrea in un piccolo centro di riabilitazione mentale dove visitavo cani, gatti e canarini di cui i medici sagaci avevano capito le potenzialità di cura. Aveva avuto seri problemi in via di risoluzione ed era un vero fenomeno per quanto riguarda la memoria visiva.

Adorava gli animali e, una volta uscito dalla casa, mi confessò di avere avuto un diverbio pesante con uno che li maltrattava. Non ne so di più, ma l'ho immaginato così.

Tornava a casa, come tutti i weekend, da sei mesi ormai. I medici erano ottimisti. Il trauma che gli aveva devastato la mente si stava riassorbendo pian piano. *"Un anno di ospedale psichiatrico"* pensava, mentre, seduto sul pulmino, guardava con attenzione i folti platani che scorrevano veloci ai lati della strada.

Gli incubi, le voci, le visioni erano quasi totalmente scomparse. Quello che non poteva dimenticare erano due fari accesi nella notte e i volti di sua moglie e di sua figlia, devastati tra le lamiere contorte. Lui, sbalzato fuori dall'auto, era a terra, incapace di muovere le gambe a causa di una lesione al midollo spinale. Era cosciente, ma senza possibilità di portare aiuto a chi lottava contro le fiamme all'interno dell'abitacolo. Tendeva le braccia e urlava, senza potersi spostare di un centimetro. Quelle sue urla gli avrebbero tenuto compagnia durante gli incubi notturni delle settimane seguenti e, ancora oggi, tornavano a galla nelle notti d'inverno, quando il gelo stringeva la terra in una morsa. Il gelo che aveva fatto sbandare l'auto in quella curva a pochi chilometri da casa. Per colpa sua.

L'intervento al midollo era riuscito perfettamente e Andrea camminava normalmente già dopo un mese. Era la mente che non guariva e i medici avevano deciso il ricovero nel padiglione di psichiatria dove fleboclisi di farmaci antidepressivi e lunghi colloqui con la psicoterapeuta, si alternavano nel tentativo di allontanare fantasmi pericolosi e recuperare un livello di raziocinio seriamente compromesso dal disturbo ossessivo post traumatico di cui era vittima.

Le prime settimane, nonostante il prodigarsi di medici e infermieri, erano state un inferno. L'odore della carne bruciata era diventato insopportabile.

Un giorno, mentre l'inserviente gli allungava un piatto con una costoletta di vitello abbrustolita, quell'odore gli aveva pervaso il cervello e annullato ogni capacità di ragionamento logico. Aveva preso il piatto e lo aveva lanciato contro la parete urlando come un ossesso che portassero via da lui quella puzza infame. «Io non voglio i morti nel mio piatto!» sbraitava tentando di aggredire l'ausiliario che lavorava nella cucina del reparto.

Dopo quell'episodio lo staff medico decise di abolire, almeno temporaneamente, la carne dalla sua dieta.

Era passato parecchio tempo ormai e la ragione aveva cominciato a prendere il sopravvento. Ora avrebbe potuto mangiare tutta la carne che voleva, anche quella grigliata, senza dare in escandescenze, ma si era accorto che ne poteva benissimo fare a meno. Era diventato vegetariano, abitudine che si sposava perfettamente con il gran rispetto che aveva da sempre per il mondo animale.

Il primario diceva che lo avevano sottratto alla follia la sua straordinaria capacità di osservazione, il suo grande amore per gli animali e le tante ore passate in palestra a fare esercizio fisico. In effetti l'alimentazione corretta e il duro lavoro in palestra lo avevano riportato a un aspetto fisico invidiabile, quello che possedeva vent'anni prima quando aveva smesso di giocare a livello agonistico per dedicarsi a un lavoro sedentario che lo aveva notevolmente appesantito.

Per deviare i suoi pensieri ossessivi, lo avevano costretto a lunghe ed estenuanti sessioni di osservazione dell'ambiente e di lavoro fotografico. In più, già da un paio d'anni, nell'ospedale erano stati ammessi diversi animali che avevano dato un contributo decisivo nella risoluzione di turbe psichiatriche, talvolta di grave entità.

I gatti riscuotevano il maggior grado di simpatia nei pazienti, soprattutto in quelli più gravi. Era ormai comune vedere un ammalato disteso sul suo lettino mentre accarezzava un gatto che faceva rumorose fusa, arrotolato sulle sue gambe.

Andrea si era affezionato a un piccolo cane, un bastardino marrone a pelo raso con due lunghe orecchie e un'espressione che era lo specchio della furbizia. Sprizzava energia da tutti i pori e gli teneva compagnia nelle lunghe passeggiate saltellando al suo fianco e finendo regolarmente, prima o poi, tra le sue braccia. Veniva dal canile comunale e Andrea aveva già parlato con l'addetto della struttura. Quel cane era suo e, anche se non poteva ancora accampare alcun diritto, in realtà lo aveva già adottato e lo avrebbe seguito al suo ritorno definitivo a casa. «Non ti azzardare a fare scherzi» aveva detto al giovane volontario del rifugio ridendo, «ricordati che io sono un matto pericoloso e che Tommy (così lo aveva chiamato) è già di mia proprietà».

Andrea era diventato l'aiuto preferito del veterinario che seguiva gli animali impegnati a lenire le sofferenze psichiche dei ricoverati. Quando il dottore era chiamato per qualche visita, arrivava senza alcun assistente. Sapeva che c'era lui, Andrea, il migliore infermiere che un veterinario potesse sognarsi di avere.

«Ehi, Andy» lo apostrofò l'infermiere che guidava il pulmino, strappandolo ai suoi pensieri. Era un uomo anziano, robusto con i capelli rossi, i classici tratti irlandesi, dotato di una simpatia contagiosa che ne faceva uno dei beniamini di chi era ricoverato nel padiglione B. «Che ne dici se Jimmy si ferma a svuotare un po' le tubazioni al prossimo autogrill? Solo dieci minuti. Maledetta prostata. Trent'anni fa guidavo per mille chilometri senza fermarmi a bere, mangiare o urinare. Mi chiamavano *Jimmy il cammello*. Adesso sembro un cane che debba marcare il territorio».

«Fai pure Jimmy» rispose Andrea, «ma non perderti dietro qualche cagnetta in calore».

«Spiritoso» gli rispose, stando allo scherzo. «Qualche anno fa ci avresti potuto scommettere che mi perdevo e allora ti toccava aspettarmi un bel po'. Ok, mi raccomando, non scendere. Sai che di te mi fido ma non vorrei essere licenziato prima di andarmene in pensione».

«Vai Jimmy, svuota i tubi tranquillo. Io ti aspetto sul pulmino, mentre vedo di contare quante macchine entrano ed escono dal parcheggio. Ok?».

«Troppo facile per te. Voglio sapere anche il numero delle moto, il colore dei pullman e le loro targhe» rispose sorridendo l'infermiere.

«E io voglio sapere se sei riuscito ad arrivare in bagno prima di fartela addosso; quindi, preparati a mostrarmi le mutande al tuo ritorno» rise di gusto Andrea.

L'infermiere, appena parcheggiato il veicolo, si proiettò fuori dall'abitacolo come una scheggia. Andrea cominciò a tenere d'occhio tutto quanto succedeva. In pochi minuti nove automobili erano già entrate nell'area di sosta, mentre sei erano uscite assieme a una moto. Naturalmente ricordava perfettamente il tipo di auto e il loro colore, mentre della moto poteva dire che era una Honda nera di grossa cilindrata. Non conosceva bene le moto, ma non gli era sfuggito che il casco del guidatore era bianco e sul retro recava l'immagine di un falco pellegrino grigio.

Accadde in un baleno, ma gli occhi di Andy erano una telecamera con il rallentatore inserito. Dalla cabriolet gialla uscì un uomo con un cane al guinzaglio. Era un Fox Terrier a pelo forte, maschio di media età con il pelo sporco e l'aspetto del cane maltenuto. L'uomo staccò il moschettone e lanciò il guinzaglio oltre la siepe. Poi risalì rapido in macchina e partì a velocità moderata. Il cane accennò a una timida rincorsa.

Mentre Andrea stava scendendo dall'auto, un grosso pullman azzurro faceva manovra. Il Fox Terrier, colpito dall'enorme pneumatico, si abbatté sull'asfalto senza emettere un guaito. Quando Andrea lo raggiunse e lo sollevò, non respirava più. La pupilla era dilatata, la lingua penzoloni. Tornò verso il pulmino con il cane in braccio e lo depose delicatamente nel baule.

Girò la chiave e partì mettendosi sulla corsia di mezzo dell'autostrada alla massima velocità consentita. Dopo mezz'ora raggiunse la cabriolet. A bordo due persone, un uomo e una donna di mezza età. Si mise in coda a debita distanza. Quando l'auto segnalò di prendere la rampa d'uscita sulla destra, azionò la freccia. Usciva anche lui. Dopo un quarto d'ora percorrevano una strada con scarso traffico in mezzo alla campagna. Superò la cabrio e rallentò obbligando i due a fermarsi. Il cellulare di Andrea suonava continuamente e lui schiacciò il tasto che lo metteva in sola vibrazione.

«Chiedo scusa» disse cortesemente ai due, «devo assolutamente prendere una medicina per il cuore. È nel baule del pulmino, ma non riesco proprio ad aprirlo. Vi spiacerebbe darmi una mano?».

Quando il baule si aprì un grosso rivolo di sangue usciva ancora lento e denso dalla bocca del cane. La donna si appoggiò al tetto dell'auto e cominciò a vomitare. Aveva le unghie laccate di rosso ed era truccata di tutto punto. Veramente una bella donna. Vestiva una camicetta rosa con le iniziali J.L., un paio di jeans attillati e calzava sandali costosi, dal tacco alto e sottile. Un profumo non certo dozzinale aleggiava nell'aria. L'uomo era più casual. Una polo beige con il coccodrillo, calzoni neri e una sahariana marrone. Guardò Andrea con il terrore negli occhi. A parte i venti centimetri di altezza in più e un fisico da sportivo di serie A, sotto la giacca spuntava il colletto della camicia con la scritta *"Ospedale Psichiatrico: padiglione B"*. Andrea aveva deciso che l'avrebbe cambiata una volta giunto a casa. D'altronde sapeva di non potere scendere dal pulmino se non per motivi del tutto eccezionali. Be', Andrea aveva giudicato che quello fosse uno di quei motivi e poi contava sulla discrezione di Jimmy. Alla fine, conveniva a entrambi.

«Ehi, tu Marilyn o Jane, o come cazzo ti chiami» disse gelido, rivolto alla donna, «quando hai smesso di vomitare prendi la pala e ricordati che Andrea ha un po' fretta; quindi, vedi di finire la riserva di lacrime presto».

«Tu invece, grand'uomo, prendi il cane e fa in modo di trattarlo bene. Io ho un gran rispetto per i morti e lo devi avere anche tu». Il dito era puntato contro l'uomo casual cui era improvvisamente ricomparso un noioso tic a un labbro che da anni lo lasciava in pace. Si avviarono giù per un viottolo, lontano da sguardi indiscreti.

«Dopo mezz'ora l'uomo, con larghe chiazze di sudore sulla polo, aveva finito di scavare la buca. Lei singhiozzava con gli occhi chiusi, ma in carenza di lacrime.

«Bene, ora mettici dentro il tuo cane e prega. Prega per lui». L'uomo cominciò a farfugliare qualcosa. Quando ebbe finito Andrea gli disse: «Adesso prega per tua madre»

«Mia madre è viva» sibilò lui.

«Mi fa piacere, ma sarà disperata per avere messo al mondo un verme come te. Sono certo che una preghiera l'aiuterà a sopportare, quindi prega!» e gli si avvicinò fino a sfiorargli la testa.

Quando la cerimonia si concluse Andrea li guardò intensamente. «E ora andatevene e raccontate agli amici che avete incontrato un pazzo scatenato sulla vostra strada. E che vi è andata molto bene. Non vi denuncio perché la mia parola, nelle condizioni in cui ancora sono, temo non sarebbero prese in grande considerazione e non faccio una fotografia della targa semplicemente perché ce l'ho qui, scolpita in testa e ci rimarrà per molti anni, nel caso ne avessi bisogno».

Tirò fuori della tasca il telefonino. «Ce l'hai fatta Jimmy? Quindici auto, una moto e un pullman. Adesso stai fermo lì che vengo a prenderti».

Le colonne d'Ercole

Ora siamo rimasti in tre. Il più giovane se n'è andato pochi anni fa. Sono molto legato a questo racconto perché c'è il profumo della curiosità e dell'amicizia tra i bambini che condividevano un grande cortile non asfaltato e la paura delle lunghe e buie cantine che fungevano da rifugio durante la guerra.

Eravamo in quattro. Amici per la pelle, inseparabili. Eravamo nati nel centro storico della stessa città, nello stesso palazzo, studiavamo nella stessa scuola, chi un anno avanti chi uno indietro.

Eravamo figli di genitori che vivevano vite simili, tutti impiegati dello stato. Nessuno si sentiva più bello o più ricco, più nobile o più povero. Eravamo bambini che potevano essere stati generati dalla stessa coppia, tanto che, in particolari occasioni, i genitori si scambiavano i ruoli e si occupavano dell'altrui prole esattamente come se fosse la propria.

Eppure eravamo molto diversi. C'era il pauroso, lo sbruffone, il generoso, il furbo. Un unico elemento accomunava tutti ed era il vero motivo che ci teneva continuamente uniti o ci riappacificava dopo le crisi che saltuariamente disgregavano il gruppo: la curiosità. Tutti avevamo un'insaziabile voglia di sapere, di esplorare e la natura ci offriva un caleidoscopio, con una combinazione tale di forme e colori, da soddisfare il nostro smisurato appetito di conoscenza.

Il cortile condominiale non asfaltato dell'antico palazzo, costituiva il punto di ritrovo nelle lunghe ore estive, quando le scuole erano finite. Già il cortile stesso, un vero mondo per noi bambini, era costellato di muretti, buchi, anfratti, grovigli di pianticelle selvatiche in cui c'era sempre qualcosa che volava o strisciava o saltellava. Un giorno era un ramarro verde azzurro, l'altro un passero caduto dal nido, l'altro ancora lo scorpione che sonnecchiava sotto una pietra o il ragno che lavorava alacremente attorno alla mosca appena catturata.

Ricordo che un giorno, sull'uncino di ferro dove anni prima venivano attaccati i cavalli, si posò la mantide religiosa, di cui avevamo letto le terribili abitudini predatorie. Nessuno osò toccarla. Quelle zampe che sembravano pregare, quella testa triangolare come hanno alcuni serpenti, i due occhietti magnetici e le antenne filiformi avevano fatto desistere anche lo sbruffone che pure si vantava, ed era vero, di catturare ragni di notevoli dimensioni con un vasetto di vetro, sfidando il pericolo di trovarsene uno sulla mano. Ma quella volta anche lui rimase a osservare, esattamente come accadde un mese dopo quando fu la volta del cervo volante che si era posato sulla foglia di un piccolo cespuglio nell'angolo a sud del cortile. Quelle due "tenaglie" che, nel tempo, avremmo poi saputo essere del tutto innocue anche per un bambino, invitavano alla riflessione anche il più audace. La voglia di catturarlo era tanta, ma la paura che le pinze si chiudessero sulla nostra mano era ben maggiore.

Mantide e cervo volante, dopo una breve sosta, ripresero il loro volo verso mete sconosciute lasciandoci il ricordo di avere visto qualcosa di piuttosto raro già allora, quando il cielo, a seconda delle stagioni e delle ore, era sempre pieno di passeri, rondini e pipistrelli con i quali dovevamo fare molta attenzione perché, secondo le nostre nonne, se ci avessero fatto pipì in testa avremmo perso i capelli. Non ho mai capito se era uno stratagemma per richiamarci in casa (i pipistrelli cominciano a volteggiare nel cielo al tramonto) o se era l'ignoranza diffusa, la stessa che prevedeva una disgrazia se la civetta faceva sentire il suo verso stridulo nella notte.

C'era un posto nel palazzo dove, anche il più sbruffone della compagnia, entrava guardingo, specie se aveva giurato di percorrerlo in solitaria e di rimanervi dentro almeno quindici minuti. Le cantine. Un lungo corridoio centrale ove si affacciavano le porticine di legno e alcuni locali una volta adibiti a lavanderia o a posteggio di biciclette, ora in totale disuso.

Il dedalo era interrato sotto il livello della strada. Il suolo era di terra umidiccia e le pareti cosparse di larghe crepe dovute ai bombardamenti durante la guerra. Il buio vi regnava sovrano, rischiarato a tratti da pallide luci provenienti da finestrelle coperte di spesse ragnatele.

Era il regno dei nostri incubi, era l'antro dove, qualsiasi mostro sorga nella fantasia di un bambino, poteva prendere forma e anima. Eppure le spedizioni si susseguivano incessanti. Sapevamo che a metà del corridoio si poteva incontrare lo scorpione bianco e che, sulla volta del deposito soggiornava qualche pipistrello, mentre la lavanderia offriva diversi topi che fuggivano squittendo in pertugi nascosti.

Negli anni prendemmo confidenza e, a forza di perlustrazioni sempre più prolungate, la mappa poteva dirsi completata, tranne in un punto. Nell'angolo della lavanderia c'era un coperchio di latta, senza maniglia, pieno di ruggine e, da anni, mai toccato da mani umane. Copriva forse qualche vecchio presa d'acqua in disuso. Quelle erano le nostre colonne d'Ercole.

Cosa ci fosse là sotto era motivo di discussione da sempre. Fatto sta che nessuno si attentava ad aprire quel coperchio. Il fascio di luce proiettato dalla pila mostrava, da lontano, che era leggermente discosto dal muro. Girava voce che anni prima qualcuno avesse tentato di chiuderlo, per seppellire definitivamente l'orrore che nascondeva. Per altri invece, anni prima qualcuno aveva tentato di aprirlo, per regolare i conti con chi abitava là sotto. Il fatto che non fosse né chiuso né aperto completamente faceva pensare che, nell'uno o nell'altro caso, la missione era miseramente fallita e l'eroe che l'aveva tentata avesse incontrato qualcuno che sapeva far di conto meglio di lui.

Un giorno lo sbruffone raccolse il gruppo. Era il più alto, il più ben messo e, senza ombra di dubbio, il più dotato di forza bruta. Per questo era rispettato. Gli mancava un incisivo, perso recentemente in una colluttazione con una banda rivale e parlava sibilando a voce alta.

«Possibile che nessuno si attenti ad aprire quel vecchio coperchio?» ci disse guardandoci con gesto di aperta sfida. «Cosa devo fare, chiamare qualcuno di Borgo Emilio a darmi una mano?». Era come se avesse bestemmiato. La banda di Borgo Emilio era la nostra più acerrima rivale. Per diversi secondi regnò un silenzio carico di tensione.

«D'accordo, andiamoci tutti assieme una buona volta e non se ne parli più. Questa storia è durata anche troppo». Le parole mi erano uscite d'impeto.

«Da solo io non ci vado e lo sapete tutti, ma tu non fare troppo il ganassone.* Da solo non ci sei mai andato neanche tu». Chi aveva parlato era il bambino magro, con gli occhiali e le orecchie a sventola, rispettato per la sua astuzia e la sua capacità vendicativa. «Abbiamo bisogno di mettere assieme il coraggio o di dividerci la fifa. Tutti assieme possiamo farcela. Chi è che se la sente di aprire il coperchio?». Lo sbruffone aveva addosso gli occhi di tutto il gruppetto. L'invito era esplicito e il ragazzino magro, ancora una volta, lo aveva messo in trappola. Era partito lui, sfidando gli altri e adesso non poteva più tirarsi indietro. L'orgoglio non gli permetteva di cedere alla paura. O meglio, di farlo vedere apertamente.

«Lo apro io quel coperchio» replicò lo sbruffone, «Tu tieni la pila e gli altri ci coprono le spalle».

Gli altri non avevano nessuna di voglia di coprire un bel niente. Lo si intuiva dalle loro espressioni. D'altronde se la forza e l'astuzia si mettevano
assieme non c'era più scampo, se non la scelta della vergogna, che non sarebbe stata in sé una gran
tragedia, quanto lo era invece il timore dell'ostracismo, dell'isolamento che costringeva alla via
dell'esilio, alla ricerca di un posto in una nuova
banda, magari in un quartiere ostile. Quello sì era
un dramma.

Partimmo un pomeriggio ventoso. Due rampe di
scale in discesa e poi il buio. Il cono di luce della
pila si faceva strada a fatica tra i mulinelli di polvere e i tremori della mano che la reggeva. A metà
del corridoio, dopo lo scorpione bianco, prendemmo la diramazione di sinistra. Non una parola.
Solo il vento faceva sentire la sua voce che fischiava secca fra gli infissi logori delle finestrelle
agitando ragnatele talmente spesse che neanche la
luce della pila poteva violarne i segreti.

Entrammo nella lavanderia in ordine quadrato,
come una falange romana. Due davanti e due dietro. Qualcuno ansimava. La latta era là, coperta di
ruggine e tele di una spessa lanuggine tremolante.

Il fascio di luce della pila provocava un riverbero sinistro. C'era odore di muffa e l'unico rumore erano i nostri passi e il nostro respiro sempre più pesante, a mano a mano che ci si avvicinava alla fine dell'universo esplorato, alle nostre Colonne d'Ercole.

Ora la pila, allargato il cono di luce, illuminava completamente lo sportello. Il bastone di legno penetrò nella fessura facendo leva contro il muro. Un rumore secco, seguito dall'eco, ci fermò il cuore due volte. Il bastone si era spezzato. Lo sbruffone aveva la fronte imperlata di sudore, nonostante il freddo umido. Volse lo sguardo dubbioso verso gli altri, quasi a chiedere se non avesse esagerato con il suo stupido orgoglio. Per una volta anche lui mostrava chiaramente di avere paura. Cinquanta centimetri di bastone e, alla fine una mano sudata, per aprire una latta dalla quale poteva uscire di tutto. Ne valeva la pena?

Ci guardammo e, ingoiando copiosi groppi di saliva, decidemmo di sì. Ora o mai più. Un gemito di cardini arrugginiti, quando il bastone riprese a fare leva. La latta si muoveva, lentamente scricchiolando sotto la forza della leva, digrignando i denti che la ruggine aveva inchiodato nel muro. Poi, tutto d'un tratto, cedette.

La pila illuminava due chele enormi che ammiccavano, muovendosi alternativamente, e un corpo gigantesco, tondo, nero come la pece. Le zampe erano corte, tozze ricoperte da un folto pelo grezzo. Restammo immobili, con il sangue gelato, ammaliati da un mostro seducente, nel suo orrore. Quando si mosse in avanti, il bambino con la pila piazzò un calcio deciso al coperchio che si chiuse, ma non completamente.

Non ho più alcun ricordo, se non una fuga disordinata in direzioni opposte, una torcia frantumata, il tonfo di un corpo sul terriccio e finalmente il ritorno alla luce del sole.

Qualche mese fa, a distanza di sessant'anni, sono ritornato nella casa dei miei genitori e sono sceso in cantina per andare a cercare un vecchio libro. Pavimento rifatto, pareti pitturate, luci automatiche. Mentre mi avviavo verso la porta della cantina ho raggiunto il posto dello scorpione bianco. Un irresistibile richiamo mi ha fatto prendere la diramazione della vecchia lavanderia. Ho individuato all'incirca la posizione in cui si trovava il vecchio sportello e ho cominciato a grattare, con l'unghia, il sottile velo di intonaco. Un attimo dopo ho avvertito distintamente il contatto dell'unghia con il metallo. Era ancora là sotto. Giuro di avere sentito un gemito, come di cardini arrugginiti che si lamentano nel muoversi dopo che il tempo li ha inchiodati al muro.

Ho lasciato là il libro e sono tornato, di corsa, alla luce del sole.

*Ganassone, in reggiano, è sinonimo, ma più dispregiativo, di sbruffone.

Robertino

C'è un doppio forte legame con questa storia.

Il primo è che di solito, nella nostra professione, si ricordano più i fallimenti dei successi. Ricorderò invece Robertino e il suo cane per tutta la vita.

Il secondo è che la storia di Robertino fu stampata il 18 luglio 2000 (giorno del mio compleanno) sulla prima pagina di un nuovo quotidiano nazionale. Da lì, una collaborazione durata quasi 20 anni.

La signora era alta, ben vestita, piuttosto larga di fianchi. A dispetto della giovane età il suo viso portava i segni di esperienze poco piacevoli. Una ragnatela di rughe sottili arabescava un volto rotondo e carino. I capelli erano lunghi e ben curati. Lo sguardo era preoccupato, ma, al tempo stesso, fermo e risoluto. Era lo sguardo di chi è abituato ormai a lottare in silenzio, senza piangere. Nelle mani reggeva un'enorme cesta di vimini. Al centro della cesta si intravedeva un piccolo cuscino giallo e al centro del cuscino un minuscolo cane nero. Era un incrocio nel quale avevano preso il predominio le caratteristiche orecchie rotonde del Chihuahua.

Non avevo bisogno di una visita particolarmente accurata per capire che il cane versava in gravissime condizioni. Un tratto di intestino fuoriusciva dall'addome. Respirava a fatica, le pupille fisse e puntiformi, la testa reclinata in una posa grottesca. Piccole chiazze di sangue risaltavano sul giallo ocra del cuscino.

«Questo, lo può salvare solo Gesù Cristo!» mi lasciai sfuggire, pensando a voce alta.

«L'ha morsicato un altro cane» mi disse la signora, «Cerchi di salvarlo in tutti i modi. Ehm... potrei parlarle un momento?».

«Certo, venga in ufficio» risposi.

Mentre la signora appoggiava la cesta sul tavolo da visita mi accorsi che, dietro l'ampia gonna, si celava un bambino. Poteva avere cinque o sei anni, i capelli rasati a zero e due occhi indimenticabili. Erano dilatati, come se avesse visto uno spettacolo meraviglioso o infernale. Era lo sguardo di un bambino incredulo, che attende un grande evento.

«Roberto, aspettami lì» disse la mamma, «Stai vicino a Minnie».

Mentre la mia collaboratrice prendeva per mano Robertino, gli altri due erano già pronti con il carrello delle emergenze e un giovane tirocinante aveva già introdotto una sacca di soluzione ipertonica nel forno a microonde per riscaldarla velocemente. Poco più di un minuto e, nelle vene del cane, sarebbe corso un caldo fluido vitale.

«Signora, sarò molto franco...» cominciai.

«Dottore» mi interruppe lei, «sono un'infermiera di sala operatoria e ho già capito tutto. Volevo soltanto dirle che Roberto ha un linfoma ed è in chemioterapia da sei mesi. Gli ho regalato Minnie quando hanno scoperto la malattia e le garantisco che lui vive non solo grazie ai farmaci, ma anche grazie a Minnie. Purtroppo, mio marito è come se non ci fosse. Va avanti da anni ad alcol e psicofarmaci. Come vede non è una situazione brillante. Per fortuna i miei genitori sono ancora in grado di darmi una mano ogni tanto».

D'improvviso mi vennero in mente le parole di un caro e vecchio docente, durante una delle prime lezioni, all'Università: «Ricordatevi che voi sarete dei veterinari e, visto che lavorerete con le *bestie* (pronunciò questo termine con voluta enfasi), per tutta la vita sarete considerati, da molti, dei medici di serie B. Questo scarso credito che tanta gente dimostrerà per la vostra professione non vi dovrà indurre a lavorare con approssimazione anzi, dovrà spronarvi a mettere in luce l'importanza del vostro lavoro nella società. Ricordate che dietro gli occhi di un cane malato ci sono sovente quelli di un bambino, o di un anziano, più malati di lui».

Insegnava una materia ritenuta di scarso valore, un complementare, ma non ho mai perso una delle sue lezioni. Ci parlava anche di farmaci e malattie, ma soprattutto ci tramandava le sue esperienze e ci preparava a diventare degli uomini, oltre che dei veterinari. Le sue erano lezioni sulla vita, merce rara nelle nostre Università.

Fu un intervento lungo ed estenuante. Una sola mano dei chirurghi era grande quanto il cane. Ricordo che staccai il sonoro del monitor. Non volevo sentire gli allarmi della pressione, del respiro, del ritmo cardiaco. Mi capita di farlo, ancora oggi, quando affronto certe anestesie delicate. È un mio difetto, lo so, mi lascio coinvolgere troppo. Non so quanti mesi di vita mi costano questi interventi, ma sono sicuro che, da qualche parte, c'è chi tiene il conto. Qualcuno che raramente sbaglia le somme.

Minnie superò l'intervento e venne messa in terapia intensiva. Per quattro lunghi giorni rimase tra la vita e la morte. Tutte le sere, alle 19 precise, la signora entrava con Robertino dietro l'ampia gonna. Non l'ho mai sentito dire una parola. Robertino aspettava.

Il quinto giorno suonò il telefono alle sei del mattino. Era la mia collaboratrice, talmente agitata che non riusciva quasi a parlare: «Minnie... Oscar... l'ho vista leccare l'acqua da sola nella ciotola».

Mi precipitai in ambulatorio e, appena la vidi, capii che avevamo vinto. In capo a due giorni Minnie si riprese a tal punto da poterla dimettere.

La sera delle dimissioni mi aspettavo qualcosa da Robertino: un'esclamazione di gioia, un sorriso, magari un pianto liberatorio. Nulla. Prese in braccio Minnie e si rifugiò dietro l'ampia gonna della madre.

Li rividi tutti e tre, dopo dieci giorni. Erano venuti per togliere a Minnie i punti di sutura. Una pura formalità. Minnie stava benissimo. Venne il momento del congedo. Mentre la signora usciva dalla clinica, Robertino si staccò dalla gonna e venne risoluto verso di me. Per la prima volta udii la sua voce: «Signore, ma lei è Gesù Cristo?».

Un attimo dopo era in strada, nascosto nelle larghe pieghe di una gonna scozzese.

Jimmy

Questo episodio, l'ho letto su un giornale americano on line. Ci ho ricamato un po' sopra, ma il fatto era riportato come realmente accaduto.

Jimmy si era trasferito con la famiglia, da poco tempo, in quel quartiere dove il padre aveva preso in affitto il piccolo appartamento di una casa popolare. Una camera e mezzo, cucina, un piccolo salotto e un solo bagno. Niente garage. Solo un minuscolo scantinato di pochi metri quadri, utile per qualche scatolone.

Vero che la famiglia era costituita da padre, madre e un ragazzino di neanche nove anni, ma, soprattutto per il padre, si era trattato di un colpo durissimo che lo aveva condotto a uno stato di depressione dal quale stava cercando di uscire con tutte le forze.

Anche la madre di Jimmy, una donna trentacinquenne molto attraente e culturalmente avanzata, aveva subìto la vicenda in modo pesante, ma aveva tirato fuori il lato forte del suo carattere e tutte le sue energie mentali, adattandosi ai nuovi eventi, cercando di non farli apparire come un dramma dal quale non si esce.

Chi aveva subìto ben poco quanto accaduto era Jimmy che andava d'accordo con i ragazzini agiati dell'Upper West Side, dove abitavano prima e con quelli del Bronx dove si erano trasferiti, stando ben attento a evitare le gang giovanili che infestavano i quartieri più malfamati.

D'altronde per lui, adottato a cinque anni di età dal Brasile, la vita modesta, o francamente povera, non incuteva alcun timore. Nella miseria più nera ci era nato e vissuto per cinque anni, quando un giorno, senza tanti convenevoli, una dipendente dell'orfanotrofio gli aveva detto di buttare le sue poche cose dentro lo zainetto. Fuori, lo attendeva un taxi con un uomo e una donna giovani, che lo erano venuti a trovare già diverse volte e gli erano sembrati molto simpatici. Era salito su un aereo, col cuore che batteva all'impazzata, e in capo a poche ore era passato dal caldo dell'isola al gelo di New York, confortato dall'abitare una bellissima villa nell'Upper West Side dove aveva iniziato subito un corso intensivo di inglese all'interno di una scuola privata.

I genitori adottivi erano molto preoccupati perché il ragazzino sconfinava spesso dal quartiere elegante e relativamente sicuro, verso quelli più poveri dove incontrava giovani della sua età e alcuni della sua provenienza che, pur non essendo violenti, talvolta mostravano una litigiosità preoccupante. I genitori dovevano però convenire che il bambino era molto intelligente e più maturo rispetto alla sua età. Avevano parlato con lui di questa situazione e dei pericoli cui poteva andare incontro in una città dove la violenza dilagava ormai soprattutto a livello minorile.

Jimmy sorrideva e li rassicurava sul fatto che stava ben lontano dalla violenza, e si trovava bene tanto nel frequentare il figlio del direttore di banca quanto gli amici poveri nel campetto di basket del Bronx dove giocava con i suoi "fratelli", fossero americani, bianchi, neri, ispanici o altro. Quando sbagliava un canestro facile, c'era spesso un compagno di squadra che gli urlava «Jimmy, fucked boy, you'd better go back to your sewer!» (Jimmy, fottuto ragazzo sarebbe meglio tornassi nella tua fogna!). Jimmy lo guardava e sorrideva con quella sua espressione disarmante e si guadagnava subito una pacca amichevole sulla schiena.

Il suo migliore amichetto era nato a New York da genitori giamaicani. Abitavano anche loro nel Bronx, ma si sarebbero presto trasferiti a Manhattan, grazie alle capacità del padre, un tecnico informatico particolarmente abile, che aveva da poco triplicato il suo stipendio, dopo avere accettato l'offerta di lavoro di un'importante azienda nippoamericana che aveva sede a SoHo.

Proprio strano e imprevedibile il destino. Lui, che abitava nei quartieri alti, in una villa con piscina, si trovava ora in un modesto appartamento del Bronx, mentre il suo amico Carlos stava per traslocare dal Bronx a SoHo.

Jimmy non conosceva tutti i dettagli degli avvenimenti che avevano portato il padre adottivo alla rovina economica. Sapeva quello che gli avevano detto. Il padre, che aveva l'ufficio ai piani alti dell'azienda, come responsabile del settore legale, era uscito una sera a cena da solo con l'amministratore delegato. Erano amici e compagni di liceo. Tutte le settimane giocavano a tennis assieme e le rispettive famiglie si trovavano a cena molto spesso in un costoso ristorante di SoHo, lo stesso di quella sera. Il dirigente lo aveva messo a parte di un fatto top secret che spiegava perché il presidente avesse preso una mattina un aereo per destinazione ignota a tutti, ma non a lui. Si sarebbe incontrato con i dirigenti cinesi di una grande azienda, di loro proprietà, con sede nella Corea del Sud. Avrebbero firmato una commessa miliardaria che l'azienda americana aveva concordato con i cinesi.

La notizia sarebbe stata resa pubblica il giorno dopo in tarda serata, dopo la firma ed entrambi pensavano all'impennata delle azioni a Wall Street, la mattina seguente.

L'amministratore delegato aveva fatto delle simulazioni, con l'aiuto di un broker esperto (all'oscuro di tutto) e le sue stime si situavano attorno al 50 % di aumento. «È il colpo della nostra vita Jerry» gli sussurrò in un orecchio, «questi treni passano una sola volta e pochissimi sono i fortunati passeggeri che vi possono salire a bordo».

Si erano lasciati di fretta perché avevano poco più di ventiquattr'ore per racimolare capitale da investire, vendendo tutto quello che avevano.

Jerry aveva reso liquido tutto quanto poteva, compreso un pesante finanziamento concessogli dal direttore di banca contro un'ipoteca sulla villa.

Poco prima della chiusura di Wall Street ai broker non sfuggì un movimento anomalo sulle azioni dell'azienda che cominciavano a prendere valore sotto la spinta di robusti acquisti. Partirono le prime indiscrezioni, alcune del tutto fantasiose, altre di origine affidabile. Fatto sta che, poco prima della chiusura, alcuni importanti agenti di borsa salirono sul treno e s'innescò la spirale che, in questi casi, spinge in su le azioni. «Se molti importanti fondi comprano, c'è sotto qualcosa e allora compro anch'io».

Alla chiusura il guadagno era già del 20%. Poi, successe quel che non doveva succedere. Il governo cinese si mise di traverso per ragioni oscure e, alla fine di numerose telefonate e collegamenti on line notturni, i dirigenti cinesi dichiararono di non poter firmare. La notizia trapelò, ma ancora incerta, prima dell'apertura mattutina di Wall Street e le prime proiezioni mostravano un calo netto del 10%. Poi, s'innescò la stessa spirale che aveva spinto le azioni in su, ma questa volta al contrario. Le bordate di vendite furono arginate due volte da blocchi per eccesso di ribasso, ma via via che giungevano dettagli sulla mancata commessa, l'azienda perdeva pesantemente valore.

Alla chiusura il calo fu del 40% e per diversi mesi non ci fu alcuna tendenza al rialzo. I dirigenti dei piani alti, compreso Jerry, furono invitati a svuotare i loro uffici. Significava licenziamento. Jerry, per alleviare le perdite e sopravvivere, dovette vendere la villa e traferirsi nel piccolo appartamento del Bronx. Un modesto ufficio legale che si occupava di reati minori lo aveva assunto con uno stipendio che era inferiore a quello del fattorino che smistava i pacchi nell'azienda di prima.

Jimmy aveva sofferto poco o nulla il radicale cambiamento di vita. Passava quasi tutto il suo tempo libero assieme a Carlos con il quale condivideva uno smisurato amore per gli animali. Armati di binocolo giravano i parchi per osservare uccelli, scoiattoli e molte specie di fauna, un tempo selvatica, ma ora adattata agli ambienti cittadini.

Poi, nonostante provassero pena per certi animali, non potevano sottrarsi al fascino del più grande giardino zoologico americano che si trovava proprio nel Bronx, dove passavano ore e ore a scrutare il comportamento delle scimmie e rimanevano incantati dal padiglione delle farfalle.

Tutto sommato gli animali erano ben tenuti e gli spazi adeguati, anche se, in cuor loro, sognavano di visitare i grandi parchi naturali africani e orientali dove avrebbero potuto ammirare gli stessi animali, ma nel loro habitat e completamente liberi.

Jimmy aveva parlato diverse volte con i genitori adottivi, del suo desiderio di avere un cane, ma loro avevano sempre nicchiato. Non avevano nulla contro cani o gatti, anzi amavano gli animali, ma il loro timore era che Jimmy si sarebbe dedicato interamente al suo cane trascurando i corsi di inglese e l'attività scolastica, imprescindibili per un ragazzino adottato dal Brasile che abitava nell'Upper Side. Gli avevano promesso che, tempo pochi mesi, e avrebbe avuto il suo cane, qualunque razza gli piacesse. «Un bastardino» aveva risposto sorridendo Jimmy.

Un pomeriggio tardi, Jimmy stava tornando a casa, dopo qualche ora passata con Carlos allo zoo e, visto che era in ritardo, si avventurò in un dedalo di piccole strade che dovevano fargli guadagnare almeno un quarto d'ora rispetto a quella che percorreva abitualmente. Stava attraversando una piazzetta quando vide il proprietario di un negozio che, salito su di una scaletta tanto arrugginita quanto instabile, stava sistemando un cartello sulla porta d'ingresso. *"Cani cuccioli in vendita"* recitava la scritta formata da lettere disegnate alla bell'e meglio con un pennello rosso. Queste insegne sono, per bambini e ragazzini, come il nettare per le api e il proprietario era una vecchia volpe del mestiere.

Jimmy era solo e si avvicinò all'uomo che stava scendendo dalla scaletta.

«Ti piacciono i cani?».

Jimmy evitò le premesse andando al sodo: «A quanto vendi questi cuccioli?».

«Be', sono nati da quaranta giorni e se li tengo ancora un paio di settimane acquistano di valore...» tentò la volpe.

«A quanto vendi *adesso* questi cuccioli?» ribadì serio in viso Jimmy.

«Li posso vendere facilmente per 30 /50 dollari, a seconda del colore, del mantello e della simpatia del muso» rispose l'uomo.

Jimmy si frugò in tutte le tasche e mise assieme qualche moneta. "Ho 2,37 dollari e... posso guardarli per favore?».

Il proprietario del negozio sorrise, come avesse in mano un poker d'assi servito, fece un lungo fischio e aprì la porta del negozio. Da lontano, nella penombra, sbucò Lady, che trotterellò lungo il corridoio del negozio seguita da cinque piccole palle di pelo.

Un cucciolo rimase molto indietro, rispetto agli altri. Subito Jimmy notò che era in ritardo e procedeva zoppicando vistosamente.

«Cosa c'è che non va in quel cucciolo?» chiese Jimmy.

«Il veterinario ha detto che ha un grave difetto a un'anca e per questo non solo zoppica, ma zoppicherà per sempre» gli rispose l'uomo.

Il sorriso ritornò sul volto di Jimmy. «Bene, allora questo è il cucciolo che voglio comprare».

L'uomo rimase sovrappensiero per alcuni secondi poi gli rispose: «Senti, ragazzino, tu non comprerai quel cucciolo perché Henry, il venditore di animali, te lo regala. Magari mi farai un po' di pubblicità in giro».

Jimmy si rabbuiò e le parole gli uscirono taglienti. Guardando negli occhi l'uomo e con un dito teso gli disse: «La ringrazio signor Henry, ma quel cagnolino vale tanto quanto tutti gli altri e lo pagherò a prezzo pieno. Le darò 2,37 ora e 50 centesimi al mese finché non le avrò saldato il mio debito».

Il proprietario del negozio gli rispose, scuotendo la testa: «Guarda che fai un cattivo affare e io sono un uomo onesto. Fidati, non puoi comprare un cane che non sarà mai in grado di correre, saltare e giocare con te come farebbero gli altri cuccioli».

A quel punto Jimmy si chinò e arrotolò il pantalone della gamba sinistra. Era gravemente contorta e nodosa, sostenuta da un grosso tutore di metallo. Jimmy alzò lo sguardo verso il proprietario del negozio e rispose piano, con un sorriso: "Be', io stes-

so non corro così bene, e il cucciolo avrà bisogno
di qualcuno che lo capisca».

Lo zio George

Lo zio George, come finimmo per chiamarlo anche noi, è forse la più straordinaria persona che abbia mai incontrato.

Ho omesso il nome del paese in cui viveva. Potrebbero esserci dei parenti magari non proprio d'accordo nel riesumare vecchie storie. Per quanto vere.

Quinto anno di università. Cominciavo a intravedere il traguardo. Quello che non intravedevo era il becco di un quattrino o meglio ben pochi becchi, essenzialmente quelli guadagnati con la vendita di libri porta a porta e con l'insegnamento di chitarra presso il glorioso e famoso Istituto Ciechi della mia città. Ben pochi spicci.

A ventisei anni, non essendo figlio di papà, diventava sempre più dura tenere un dignitoso confronto con gli amici che lavoravano, chi in banca, chi come semplice operaio e si permettevano il lusso di una macchina decente, di un concerto ascoltato in platea e magari di qualche rara serata al night, con supplemento di consumazione (una ogni trenta minuti, se il cameriere era in buona) per vedere lo spettacolo di splendide ragazze che ci mandavano a casa a fare una doccia fredda.

Di questo stavo parlando con il mio amato cuginastro Giuliano, durante una sera di prima estate, sorseggiando una granita alla menta nell'attesa che arrivasse qualcuno per la rituale *goriziana* (*). Giuliano era un lontano parente per via di non so ancora bene quale genealogia. Più vecchio di me di qualche anno, diplomato in ragioneria, lavorava allora al mercato ortofrutticolo cittadino, senza grande entusiasmo. Ma era quello che, al momento, aveva trovato. Condivideva con me la passione per i viaggi, i libri, gli aerei e gli animali, con spiccato riguardo nei confronti dei serpenti.

«Cosa fai questa estate?» mi stava chiedendo, dopo aver aspirato il fumo dell'ennesima sigaretta.

«Cosa vuoi che faccia. In luglio cercherò di rimediare qualche soldino per poi andare via qualche giorno in agosto, esattamente come tutti gli anni».

«L'altro giorno» riprese mio cugino, «mi ha telefonato un amico di ***** che ha fatto il militare con me a Portogruaro. Aveva bisogno di un carrello prodotto da una ditta di Reggio e, parlando del più e del meno, mi ha detto che, dalle sue parti, c'è della gente che fa un sacco di soldi, catturando vipere che vengono poi vendute agli istituti di ricerca».

«Certamente estraggono il veleno per ottenere il siero antiofidico» lo interruppi interessato.

«Mi ha parlato di un certo suo lontano parente, che vive in un paese qui vicino. Lui lo chiamava lo zio George. Un tipo un po' strano, a quanto dice lui, ma un vero mago nel catturare vipere. Cosa ne diresti di andare su un paio di giorni a dare un'occhiata?».

Sulle prime l'idea mi parve un po' strampalata, poi, a sentir parlare di cacciatori di vipere in un paese dove ogni mattina si levavano in volo aerei militari, la faccenda cominciava ad assumere contorni interessanti. Un'altra delle mie passioni è vedere volare gli aeroplani.

Da bambino mio padre mi portava sempre all'aeroporto di Reggio Emilia, che in realtà è un campovolo rinomato a livello nazionale soprattutto per i concerti di musica. Ha ospitato più volte Fabrizio de André, Vasco Rossi, gli U2 fra i tanti, ma il vero guru locale è il Liga, ovvero Ligabue che è nato e abita a Correggio, un paesone a pochi chilometri dalla città.

Mio padre dunque, non mancava mai di portarmi al campovolo, quando si esibiva la pattuglia acrobatica italiana. Rimanevo a bocca aperta nel vedere la *bomba* delle mitiche Frecce Tricolori. Poco tempo prima della tragedia di Ramstein in Germania, le Frecce avevano fatto una lunga e spettacolare manifestazione a Reggio. Le regole di sicurezza erano assai meno severe di adesso ed ero riuscito ad appostarmi, assieme a mia moglie e a due amici, in un punto del prato dove prevedevo che avremmo visto un bello spettacolo.

Fu così. Ci buttammo istintivamente sul prato quando Nutarelli (il solista), con la mano alzata a salutarci, ci sfiorò i capelli con il suo scintillante Aermacchi. Quando morì a Ramstein inviai, dall'albergo istriano dove mi trovavo in vacanza, una lettera al *"Corriere della Sera"*. Si trattava di un'appassionata difesa delle Frecce e di un saluto commosso a chi se ne era andato per sempre, offrendo la vita per lasciare a bocca aperta vecchi e bambini, con il naso all'insù. La lettera non venne mai pubblicata.

Lo pubblico oggi, fra queste storie, il mio ultimo saluto a Nutarelli, a tutti coloro che sono morti come lui, nonostante la tragedia, e a quelli che ci riempiono ancora d'orgoglio con le figure ardite che disegnano nei cieli di tutto il mondo o quando passano stendendo i fumi del lungo tricolore

L'idea del cugino Giuliano mi sfagiolava. Prendemmo accordi con il suo amico e arrivammo in paese un pomeriggio avanzato di fine giugno.

Avevamo prenotato una camera, singola ovviamente, in un alberghetto squallido, ma certamente economico. L'amico di Giuliano ci aveva invitati a cena e la sua dispensa ne soffrì pesantemente. Il nostro pranzo di mezzogiorno era stato un singolo toast, consumato in un autogrill, durante il viaggio. Naturalmente c'era abbondanza di splendido bourbon, frutto di scambi gastronomici con i militari americani della base aeronautica.

«Ho combinato per domattina» disse l'amico di Giuliano, «Lo zio George vi aspetta a casa sua verso le sette. Lui si alza presto, la mattina, anche perché difficilmente riesce a stare più di qualche ora senza un goccio di grappa e un sigaro in bocca».

Tra il viaggio, il vino e il bourbon stavo pensando che alzarsi l'indomani alle sei sarebbe stata una bella impresa.

«Ma spiegaci un po', che tipo è questo tuo zio?» chiese Giuliano.

«Lo vedrete. È un tipo simpatico, ma evitate assolutamente la politica. Quando ha saputo che eravate di Reggio Emilia mi ha chiesto subito se foste dei *rossi*. Vedete ehm... lui sta un po' dall'altra parte. Gli ho detto che della politica non ve ne frega niente e che siete qui per imparare come si catturano le vipere. Lo zio George è un po' una leggenda, qui in paese. Da molti anni vive solo, con una donna e con le sue vipere. Di quello che abbia fatto in gioventù si sa ben poco. Certo non doveva essere uno stinco di santo. È stato nella Folgore e nella Legione Straniera. Lui racconta di essere uno dei superstiti di Dien Bien Phu**, ma non si sa se è vero. Certamente di guerre ne ha fatte diverse e ne deve aver viste di cotte e di crude. Tutti vi racconteranno di quella sera al bar, due anni fa, quando litigò con un militare di colore, alto due metri, che era di servizio alla base e non voleva credere a una delle sue avventure. Si era messo a ridere di fronte a tutti. Lo zio George si arrabbiò moltissimo e lanciò una scommessa all'aviatore: cinquantamila lire e lui avrebbe mangiato vivo uno dei topi che teneva in casa per alimentare le vipere. Il marine in divisa commise l'errore di ridere ancora più forte e di accettare la scommessa. Lo zio corse a casa e, dopo dieci minuti, era di ritorno con un topo vivo che si dimenava nelle sue mani. Nel silenzio assoluto si mise in bocca la coda. Si udiva solo lo squittio del povero roditore.

Chi gli era vicino raccontò che lo zio faceva finta di masticare la coda e non sarebbe mai andato oltre, ma fu abbastanza. L'americano buttò cinquantamila lire su un tavolo e uscì a vomitare tutto quello che aveva ingurgitato quella sera. Dicono che ci volle un bel po' per vuotare l'otre pieno di birra. Io non c'ero quella sera, ma la storia è vera perché c'erano decine di testimoni. Quando uscì dal bar, lo zio urlò al soldato, piegato in due nello sforzo di rimettere: "A Dien Bien Phu i topi erano più buoni!".

Un'altra storia che tutti vi racconteranno riguarda un episodio di tre anni fa, quando lo zio fu morso da una vipera cornuta. La colpa ricadde sulla sua donna che, a dir suo, aveva chiuso male il sacco. Fatto sta che lo portarono in ospedale per somministrargli il siero. Quando seppe che non poteva bere alcolici per qualche giorno, cercò di convincere i medici che lui era immune al veleno della vipera. Lo dovettero praticamente legare per fargli l'iniezione. La notte riuscì a fuggire dall'ospedale. Lo si rivide in paese dopo una settimana, bello come il sole. Dopo un paio di giorni la sua donna si presentò in paese con un grosso livido su di una guancia. Se lo era procurato, a suo dire, cadendo mentre scendeva le scale della cantina. Questo è lo zio George».

Ce ne andammo a letto vagamente turbati. Forse era la stanchezza, forse il bourbon. La presentazione del nostro amico ci aveva reso perplessi circa il nostro *maestro*.

La casa era piccola e carina, con i fiori nei vasi sul davanzale delle finestre. La porta era aperta. Entrammo, chiedendo rispettosamente permesso. Ci venne incontro una donna di una certa età, ma ancora assai piacente, con sottili rughe sul volto, i capelli biondi raccolti da un grosso pettine di tartaruga. Nell'aria ristagnava l'aroma pungente e speziato del fumo di sigaro.

«Accomodatevi pure» disse con fare gentile, «George vi aspetta nella nostra camera matrimoniale. Vi faccio strada».

La porta della camera era semi aperta e, sul letto, si intravedeva una figura seduta sul bordo.

«Entrate pure, sto facendo colazione» disse lo zio George con una voce secca e tonante. La voce di chi non è incline ai convenevoli, di chi è abituato più al comando che non all'obbedienza. Si alzò dal bordo del letto e ci venne incontro con la mano tesa.

Era straordinariamente magro, di bassa statura con la testa quasi completamente calva. Le rughe sul volto della donna erano sottili arabeschi, se confrontati con le profonde solcature che si intersecavano sulla sua fronte. Si muoveva agilmente e, dopo averci stretto vigorosamente la mano, in due balzi, ritornò sulla sponda del letto agguantando una grossa bottiglia di vetro bianco.

«Prego» disse, vuotando un po' di quel liquido incolore in due bicchieri da vino. «Niente di meglio che un goccio di grappa al mattino presto, per carburare la giornata».

Ci allungò i due bicchieri uno dopo l'altro e ci indicò, con una mano ossuta, un tavolino sul quale spiccava un'invitante torta di mele. Nessuno di noi si permise di protestare per quello strano tipo di colazione. Per fortuna avevamo appena mangiato due brioche e un cappuccino al bar dell'albergo. Il liquido incolore, passato l'antro faringeo entrò in esofago senza dar segno di sé, poi, raggiunta la mucosa dello stomaco, diventò un vulcano eruttante lava e magma bollente. Mentre cercavamo di riprendere fiato lo zio George rideva divertito.

«Ehi, piano… quella è grappa di cespuglio ragazzi. Mangiateci dietro un bel pezzo di torta».

«Da quelle parti, come apprendemmo poi, quasi tutti avevano un alambicco costituito sostanzialmente da una serpentina, mediante la quale distillavano illegalmente la grappa. I primi distillatori compivano questa operazione, al riparo da occhi indiscreti, in mezzo ai cespugli. Ecco spiegato perché veniva chiamata grappa *di cespuglio*. Quello che non mi spiegavo era come riuscivano a raggiungere una gradazione che mi sembrava più alta dell'alcol puro.

Finita la *colazione* lo zio George ci fece accomodare su un consunto divano nel salotto. Due seggiole, poste sotto la finestra, sostenevano un'ampia tavola di legno chiaro sulla quale troneggiavano numerosi funghi porcini, messi lì ad essiccare.

«Allora» cominciò lo zio George che si era fatto serio, «siete interessati alle vipere, vero?».

«Be'» rispose Giuliano, «ecco... in effetti ci farebbe piacere vederla al lavoro. Anche in montagna, dalle nostre parti, ce ne sono diverse e abbiamo sentito che gli istituti pagano bene i soggetti vivi».

«Non lo nego» continuò lo zio George, «in effetti pagano bene, ma non crediate che sia un lavoretto semplice. Non è tanto trovarle. Sono come i funghi. Chi conosce la montagna sa sempre dove sono. Neanche catturarle è poi così difficile. Il problema più grosso viene dopo, quando dovete mantenerle vive a casa, magari per molto tempo. L'istituto non vi manda un camioncino per due vipere. La cosa più difficile è far sì che mangino e stiano in vita, magari per due o tre mesi. Le vipere non si adattano bene a stare in gabbia, soprattutto quelle dal corno. Molte si lasciano morire di fame. Venite con me».

Con il fido bicchiere di grappa in mano, ci accompagnò lungo un corridoio fino a una porta sbarrata da una grossa e pesante seggiola di ferro battuto. Spostata la seggiola, girò tre volte la chiave e aprì la porta. La stanza era illuminata da una strana luce rossa che proveniva da alcune lampade, di quelle in uso nelle porcilaie per riscaldare i suinetti appena nati. Dentro una decina di gabbie c'erano altrettante vipere tutte attorcigliate su sé stesse. In una gabbia, un topolino girava incessantemente alla ricerca disperata di un pertugio.

«Guardatevi da questa» disse lo zio George. Aveva appoggiato il bicchiere e brandiva un ferro la cui estremità era ricurva. Conoscevo bene quell'attrezzo che serviva per catturare i serpenti. «Questa» continuò aprendo decisamente la gabbia, «è la vipera dal corno. Non c'è dalle vostre parti. Le vostre sono agnelli in confronto a questa». Allungò il ferro all'interno della gabbia e sollevò leggermente il corpo della vipera che soffiava e attaccava a vuoto. Istintivamente avevamo fatto due passi indietro. Richiuse la gabbia, mentre il rettile si attorcigliava ancora di più in un angolo.

Per un'ora e più ascoltammo affascinati lo zio George che ci raccontava come si faceva a mantenere in vita le vipere a lungo. Il calore, l'umidità, la luce, le ore di sole, il tipo di prede, il periodo della muta. Parlava delle sue vipere come si trattasse di cagnolini.

Ognuna aveva un nome. Quella dal corno, che aveva appena sollevato con l'uncino, si chiamava Rebecca. La sua voce si era fatta meno imperiosa, più suadente. Le passava in rassegna, a una a una, mettendo un dito dentro la gabbia e accertandosi che fossero ben vitali.

«Bene ragazzi. Per oggi basta» disse alla fine della lezione. Aveva riagguantato il bicchiere. «Stamattina ho parecchie cose da fare in paese. Domani andremo a vedere se troviamo qualche vipera. Vi aspetto qui alla stessa ora. Mi raccomando gli stivali e un buon bastone. Non voglio morti giovani sulla coscienza». La voce era ritornata tonante, mentre inequivocabilmente ci congedava.

Passammo il resto della mattinata in cerca di funghi. Ne trovammo una ventina che il farmacista guardò con disgusto. «Se proprio volete mangiarli» disse, facendo una smorfia, «non sono velenosi». Finirono in un fosso, ai bordi del campo sportivo, poco lontano dall'alberghetto dove avevamo preso alloggio.

Dopo aver pranzato in una trattoria a buon mercato, passammo il pomeriggio a osservare i caccia che si alzavano in volo dalla base aerea. Ci passavano sulle teste, con nostra grande soddisfazione, facendo tremare fino i più solidi muscoli del torace.

La sera evitammo, con una scusa, di tornare a cena dallo squisito ospite, amico di mio cugino. Sauvignon, Cabernet e Bourbon americano erano deliziosi, soprattutto se accompagnati da fettine di carne immerse in delicate salse di mele, ma sospettavamo che la giornata successiva sarebbe stata faticosa e non volevamo fare brutta figura con lo zio George. Cena sobria, rapida passeggiata in paese e a nanna presto. E così fu.

La mattina dopo, alle sette in punto, lo zio George ci aspettava nel salotto. Era vestito con una divisa militare color cachi. Calzava due scarponi leggeri, dai quali uscivano due paia di sgargianti calzettoni di lana scozzese. Avanzò verso di noi due bicchieri, puntando l'indice sulla bottiglia di grappa bianca, appoggiata sul tavolino.

«Grazie zio» avevo previsto lo scenario e mi ero preparato, «abbiamo già fatto colazione. Il Bepi ha voluto farci assaggiare le sue grappe: mirtillo e rosa canina. In effetti la gestione dell'albergo lascia un po' a desiderare, ma ho l'impressione che, con le grappe, sappia fare di meglio».

Lo zio George mi guardò con una smorfia di evidente disgusto: «Ditegli che se le beva lui quelle schifezze dolci alla frutta». Ciò detto si alzò repentinamente e, con un sol cenno della mano, ci invitò a seguirlo.

Salimmo sulla sua macchina, una vecchia Citroen AMI 8 azzurra che avrebbe fatto la gioia di un rottamaio. La strada si inerpicava in mezzo a un bosco di faggi. Incontrammo una camionetta della forestale, con due guardie a bordo, che lo zio salutò toccandosi la fronte con la mano destra. La lunga vita militare gli aveva lasciato segni indelebili.

Dopo una mezz'ora di lenta salita, la vegetazione cominciò a diminuire e la vista poteva spaziare su ampie pietraie costellate di magri arbusti e cespugli. Il nostro comandante parcheggiò la macchina nell'ampio spiazzo che precedeva un tornante.

«Siamo arrivati ormai» disse scendendo dalla macchina. «Prendete i bastoni e questi due sacchi di tela. Un'oretta di marcia e saremo nel punto buono».

Ci avviammo per un tratturo che conduceva chiaramente a una delle immense pietraie che avevamo visto dalla macchina. Il sole cominciava ad alzarsi. Il cielo era terso.

«Questo» riprese lo zio, «è il momento migliore. Quando esce il sole, al mattino, le vipere si mettono sulle pietre per riscaldarsi, ma sono ancora intirizzite dal freddo della notte e quindi sono lente e meno aggressive. Andiamo».

Lo seguimmo su per il tratturo, non senza fatica. Camminava con un passo leggero, estremamente agile. Riusciva a evitare tutti i sassi di cui era cosparso il piccolo e tortuoso stradello, mentre noi non riuscivamo a sbagliarne uno. A nostra difesa va detto che gli stivali alti, pretesi dallo zio George, non ci aiutavano certo su quel terreno sassoso.

«Ora ci siamo» disse lo zio, indicando avanti con la mano aperta. «Qui inizia la pietraia. Cammineremo, uno di fianco all'altro, a distanza di trenta passi. Fate attenzione a dove mettete i piedi e soprattutto le mani. Avanti un paio di chilometri c'è un piccolo torrente che scorre in mezzo alle pietre. Quello è uno dei posti migliori. Pietre, sole e acqua. Questo ci vuole per una vipera come si deve». Estrasse, da una capiente tasca della giubba militare, una piccola borraccia d'alluminio. Fece saltare l'automatico con un dito e ingurgitò un sorso generoso. Di grappa naturalmente. Avevo portato anch'io la mia borraccia gialla, piena d'acqua fresca. Per evitare discussioni la lasciai riposare sotto il giaccone. Evidentemente soddisfatto si avviò lentamente lungo la pietraia indicando, con le due braccia aperte, le nostre postazioni al suo fianco. La caccia era cominciata.

Avanzavo con cautela tenendomi alla larga dagli arbusti che crescevano sulle grosse pietre che calpestavo. Ogni tanto lanciavo un'occhiata allo zio George che camminava lentamente sollevando, di quando in quando, una grossa pietra con il suo bastone. Avevo l'impressione che, sotto ogni sasso che calpestavo, si celasse una grossa vipera dal corno, pronta ad attaccare.

Dopo tre quarti d'ora di marcia arrivammo in vista del torrente. Di vipere neanche l'ombra. Ombra che mancava totalmente dato che l'arbusto più imponente, in quella landa desolata, doveva essere alto sì e no ottanta centimetri.

Improvvisamente vidi, con la coda dell'occhio, lo zio George correre in avanti saltellando. Si dirigeva chiaramente verso uno di quei bassi cespugli che sembravano sgorgare direttamente da una pietra. Si udiva distintamente la sua voce tonante: «T'ho vista per Dio. T'ho vista, bella mia» urlava avvicinandosi all'arbusto. In pochi secondi io e Giuliano eravamo alle spalle dello zio George che aveva affondato le mani fra le radici della pianta e cercava avidamente, spostando i rametti, come tentasse di individuare un grosso porcino.

«Zio» mi azzardai a dire, «non con le mani, santo Dio. Usi il bastone!». Non dimenticherò mai l'espressione dello zio George, quando si voltò verso di me. Non avrei voluto essere un suo subalterno, o peggio un suo nemico, durante le guerre che aveva combattuto.

«Vuoi insegnarmi come si fa, pivellino?» disse con un ghigno demoniaco. «Mettetevi davanti al cespuglio prima che riesca a scappare verso il torrente e non cacatevi sotto se viene verso di voi. Chiamate lo zio, che vi pulisce il sederino».

Ci disponemmo immediatamente dalla parte opposta del cespuglio. Fra gli scarni rametti, una grossa vipera si era attorcigliata su se stessa a formare un cerchio perfetto. Era un marasso, quella che scientificamente viene definita V*ipera berus*, con una livrea molto scura, la grossa testa triangolare appiattita sulle spire. Le mani dello zio George piegavano i rami dell'arbusto, con gesti molto lenti, mentre i suoi occhi non abbandonavano un solo istante la preda.

Il rettile era in chiara posizione di difesa, ma avrebbe potuto scattare in avanti o fuggire in qualsiasi momento. In realtà restò immobile fino a quando il suo cacciatore non ebbe piegato tutti i rametti. Sembrava che lo zio George conoscesse al centimetro la distanza entro cui tenere il serpente, affinché l'istinto di attaccare e di fuggire fossero perfettamente bilanciati. Il risultato era che la vipera se ne stava perfettamente ferma e non oppose alcuna resistenza quando si sentì sollevare dall'uncino ricurvo abilmente manovrato dallo zio George.

«Venite qui, Cristo! Aprite quel dannato sacco, prima che mi scappi!» urlò. Ci precipitammo verso di lui con uno dei due sacchi di juta. Era un momento assai delicato. L'imboccatura del sacco era molto larga ma la preoccupazione che lo zio George sbagliasse il *canestro* scodellandoci un marasso di un metro sulle mani, si leggeva perfettamente negli occhi dilatati di Giuliano. Esattamente come nei miei.

Lo zio George ci tolse quella preoccupazione. Avvicinò a sé lentamente il bastone e afferrò la coda della vipera con la mano destra, lasciandola penzolare verso il terreno. La testa era tenuta appena a contatto con il suolo, in modo che il rettile fosse impegnato a tentare una improbabile fuga, verso il suo arbusto.

Sapevo che le vipere non hanno la possibilità di raggiungere una mano che le tiene sollevate per la coda, ma mi aveva sempre turbato l'ipotesi che, fra di loro, si potesse celare un provetto acrobata. «Non ne ho mai vista una farlo» disse lo zio George leggendomi negli occhi.

«Adesso, fate esattamente quello che vi dico. Tenete l'orlo del sacco in modo che stia bene aperto e lasciate che il fondo tocchi terra. Quando avrò infilato dentro questa bellezza mollate tutto, ma *solo quando ve lo dico io*». Le ultime parole sembravano scudisciate. Lo sguardo denotava una determinazione che non ammetteva repliche. D'altronde nessuno aveva assolutamente intenzione di porre obiezioni, tanto meno la vipera che se ne stava penzolante, con la testa tesa verso il cespuglio nel quale sfortunatamente si era assopita quella notte. Con un movimento veloce e preciso lo zio George sollevò il rettile e lo infilò nel sacco, afferrandone un capo con la mano sinistra. Avevamo le mani attaccate al sacco e, in totale apnea, attendevamo il fatidico e liberatorio ordine. «ORA!» comandò lo zio George. Lasciammo immediatamente il sacco, come scottasse, mentre lo zio George provvedeva a legare l'orlo con una robusta fune comparsa misteriosamente fra le sue abili mani.

«Ci sei bella mia, ci sei» diceva gongolando di soddisfazione, mentre avvolgeva velocemente, a spirale, il collo del sacco. «Ci sarà anche una tua sorellina qui in giro? Forza, ragazzi. Cerchiamo un'altra pecorella smarrita».

Evidentemente quella che aveva catturato era figlia unica, perché continuammo a perlustrare in lungo e in largo la pietraia per due ore, senza avvistare nessuna forma di vita, eccettuato un gracchio nero come il carbone, contro il quale lo zio George rivolse numerose invettive, in un linguaggio a metà fra il dialetto e il francese. Comunque fosse, non v'era dubbio che i corvi non gli piacevano.

Verso mezzogiorno depose il bastone ricurvo mediante il quale trasportava, a debita distanza, il sacco e si mise a sedere su di un grosso macigno piatto, sulla riva del torrente. Estrasse la sua borraccia e bevve un generoso sorso di grappa, poi raccolse un sasso e lo gettò nell'acqua limpida. «Per ogni vipera che ho preso c'è un sasso lì dentro» disse, guardando con gli occhi socchiusi il riverbero del sole. Inutilmente mi chiesi il perché di quel rituale, che cosa volesse dire. Non tutto quello che faceva doveva avere un senso, almeno per noi. Si alzò di scatto, afferrò il bastone cui era assicurato il sacco di juta e si incamminò, senza nulla dire, verso il luogo da dove eravamo venuti. La caccia era conclusa.

Durante il viaggio di ritorno non disse una parola. Sembrava assorto in chissà quali pensieri o forse era totalmente concentrato nella guida. Non si capiva bene se la caccia era andata bene o male. Da dietro vedevo il suo volto riflesso nello specchietto. Non tradiva alcuna espressione né di dolore, né di gioia, né di rimpianto. Pensai che sarebbe stato un ottimo giocatore di poker e, per quanto ne sapevo, forse lo era stato davvero.

Giunti nei pressi di casa ci disse semplicemente che ci aspettava a cena per le otto precise. Non gli sfiorava neanche l'anticamera del cervello che potessimo avere qualche altro impegno.

La sua donna ci fece entrare. Il sole sembrava incerto se scendere o meno dietro le montagne e un fascio di luce arancione entrava dalla finestra spalancata, illuminando una tavola imbandita in modo sorprendentemente elegante. Una tovaglia candida ornata di pregevoli pizzi, lavorati a mano, era apparecchiata con piatti ocra e calici di varie fogge. Il tutto era disposto con meticolosa precisione e, fra un posto e l'altro, c'erano piccole anfore dalle quali spuntavano profumati mazzolini di fiori gialli. Sembrava di essere in un ristorante nel centro di Parigi.

Avevamo portato una bottiglia di grappa, non alla frutta, pagata un occhio della testa in una distilleria che avevamo visitato nel pomeriggio. La consegnammo a Jasmine.

«Grazie. A George farà molto piacere» disse la donna riponendo con delicatezza la bottiglia al centro della tavola. «George non è cattivo» sussurrò, guardandosi intorno furtivamente, «A volte può sembrare che sia così, ma non è vero. Certo, non è facile vivere con un uomo abituato, per tutta la vita, a comandare o a obbedire, un uomo che ha combattuto, a torto o a ragione, in molti posti del mondo dove vi fosse una guerra, probabilmente senza mai chiedersi se quello che faceva era giusto o meno. Quello era il suo lavoro. Credetemi, sotto quella scorza dura c'è un buon cuore. Pensate che, due anni fa, aveva catturato una vipera dal corno stupenda, con una livrea magnifica e con un carattere molto tranquillo. Non ne avevamo mai vista una così. Un giorno non la vidi più nella sua gabbia e pensai che fosse morta o che quelli del laboratorio l'avessero già portata via. Il giorno dopo George mi confessò che l'aveva riportata nella sua pietraia e le aveva restituito la libertà. Mi disse semplicemente che era troppo bella e che era troppo buona. Meritava di essere lasciata libera».

In quella arrivò lo zio George e Jasmine subito smise di parlare.

Indossava una camicia di raso viola. Al collo portava un foulard nero di seta, un elegante ascot, sul quale risaltava il colore dorato di quattro parole ricamate in caratteri orientali indecifrabili. Era molto allegro e la sua voce aveva un tono misurato. Neanche l'ombra del *comandante* che, la mattina, ci apostrofava con ordini secchi, lanciati dalla sua stentorea voce.

Mangiava i piatti straordinariamente raffinati, che Jasmine aveva preparato, senza fretta e con fare assai elegante senza lesinare complimenti a ogni portata che la sua donna ci presentava. Beveva straordinarie quantità di vini e liquori, accompagnando le uova all'indiana con il pastis, l'insalata di funghi porcini con il Cabernet e la tagliata alla salsa di ribes con un profumato brandy spagnolo. Cercavamo, in qualche modo, di tenergli dietro, ma rinunciammo presto perché il rischio era una sbronza colossale, alla vigilia della nostra partenza.

Fu una serata indimenticabile, non solo dal punto di vista gastronomico ed enologico. Conoscemmo l'altro lato dello zio George, quello di cui Jasmine ci aveva furtivamente parlato. Restavamo incantati ad ascoltare le sue storie, raccontate in una lingua che era un armonioso mélange di italiano, francese e spagnolo con vaghe assonanze orientaleggianti. Raccontava di strani animali, di enormi serpenti che strisciavano sulle piante, di pericolosi ragni gialli che si nascondevano nelle foglie di piante dal nome a noi sconosciuto. Forse non tutto era vero, ma il sapiente gesto delle sue mani conferiva ai suoi racconti il magnetismo degli occhi di un cobra.

Si era fatto tardi. Lo zio George cominciava a incespicare sulle parole, segno evidente che l'alcol aveva raggiunto anche i suoi gangli nervosi. Si alzò lentamente dalla sedia e, mentre ci allungava la mano destra, disse semplicemente: «Bene. Spero di esservi stato utile. Grazie per la grappa. È un presente molto gradito. Se posso darvi un consiglio lasciate perdere le vipere. Non è il vostro mestiere. Vi auguro una vita fortunata».

In pochi passi era fuori dalla porta del salotto e saliva faticosamente la scala che conduceva alla sua camera da letto singola. Non avremmo mai più visto lo zio George, perché morì dopo appena tre anni.

È assai probabile che la sua vita di mercenario lo abbia visto protagonista di azioni poco inclini alla beneficenza, ma sono certo che qualche giudice magnanimo gli ha concesso, in una remota parte dell'universo, una pietraia assolata dove cercare le vipere e una bottiglia di grappa bianca. Senza frutta.

*Particolare gioco che si pratica sul biliardo senza stecche

**Fu la battaglia decisiva della guerra d'Indocina che terminò, il 7 maggio del 1954, con la vittoria totale del Việt Minh e la resa delle forze francesi.

Tobi, il bastardino

*Questa è una storia vera dalla prima all'ultima riga
e credo che ogni commento sia superfluo.*

Conoscevo due contadini, marito e moglie senza figli, persone use più alla vanga che al diziona-
rio enciclopedico. Il mestiere che si erano scelti, o
meglio, che i genitori avevano scelto per loro, era
duro come la terra quando è arida e, nonostante
questo, il loro aspetto fisico era ancora fresco e
giovanile. Il sole cocente d'estate e il gelido vento
d'inverno non avevano ragione dei loro visi in cui
si intravedeva solo qualche sottilissima venatura
che difficilmente avrebbe potuto definirsi ruga.

Soprattutto lei, pur avendo superato di gran
lunga la mezza età, conservava ancora il fascino di
quando era giovane e gli uomini si voltavano, di
nascosto, a guardarla.

Li avevo conosciuti in una situazione singolare.
Pioveva che Dio la mandava da almeno due giorni.
Un pomeriggio mi ero perso nella sconfinata campagna della bassa reggiana. Stavo cercando la casa
di un amico dal quale avevo avuto occasione di
andare una sola volta e peraltro di notte. Mi pareva
di ricordare due vecchi platani davanti al vialetto
sterrato che conduceva alla sua abitazione. Fossero

228

stati due eucalipti potevano anche essere un segno di riconoscimento attendibile. Due vecchi platani, nella nostra pianura sono come due ulivi sulle colline calabresi. Infatti imboccai una carraia che portava dritto in un vigneto.

Pochi minuti dopo una melma tenace attanagliava gli pneumatici dai quali ormai usciva il fumo a forza di farli roteare inutilmente nella ricerca di una presa che liberasse l'automobile. Niente telefonini allora. Doveva passare ancora qualche anno prima del Motorola fisso in macchina, con pesante valigetta nel baule, del quale andavo molto orgoglioso ma soprattutto di cui riconoscevo l'enorme utilità. Sicuramente Internet ha cambiato il mondo, nel bene e nel male, come d'altronde tutte le grandi scoperte della tecnologia, ma se dovessi scegliere uno strumento tecnologico che mi ha realmente cambiato la vita, con una facilità d'uso straordinaria, quello è il telefono cellulare, inteso proprio come telefono e non come smartphone per innumerevoli chat, messaggi, applicazioni le più stravaganti e altro. Al secondo posto, subito a ruota, metto il navigatore satellitare, visto che riesco ancora a perdermi nella mia città. Senso dell'orientamento zero, come il riconoscimento dei visi. Ignoro quali siano le aree cerebrali interessate, ma ci devono essere tanti neuroni quanti baobab lungo il Po.

Dunque il mio senso dell'orientamento da colombo viaggiatore mi aveva condotto dentro qualcosa di simile alle sabbie mobili. Più forzavo col motore e più sprofondavo. Finalmente, riuscendo ad aprire una portiera dell'auto, mi trovai a mezza gamba nella palude. Urla e imprecazioni non trovavano alcun microfono nel quale sfogarsi. Si infrangevano sul parabrezza della macchina e rimbalzavano, attraverso il vetro aperto della portiera, perdendosi nello scroscio del temporale.

Quando lei venne ad aprirmi, cercò di evitare di ridere, mettendosi pudicamente una mano sulla bocca. Io ero molto giovane, lei aveva qualche anno di più. Stavo spiegando l'accaduto, quando la sua mano ferma mi prese per un braccio, facendomi superare la soglia di casa e sottraendomi a gocce d'acqua che sembravano chicchi d'uva. Mi sentivo imbarazzato come non mai. L'acqua colava a rivoli lungo i vestiti e scioglieva il fango che si era rappreso attorno alle scarpe, lasciando sul pavimento lucido una poltiglia grigiastra che aumentava ogniqualvolta abbassavo gli occhi.

Di lei ricordo una coda di cavallo bionda, una maglia di lana azzurra e un grembiale bianco di bucato annodato alla vita, sul quale spiccavano alcuni fiori vermigli. Mi chiese gentilmente di togliermi le scarpe e di attenderla un attimo. Dopo un minuto, comparve con una maglietta e una camicia scozzese che depositò su una vecchia seggiola in bagno, assieme a una salvietta che odorava leggermente di lavanda.

Quando uscii dal bagno, dopo avere recuperato sembianze quasi umane, le mie scarpe erano già pulite, come il pavimento che avevo imbrattato di melma. Suo marito si alzò dal divano allungandomi la mano. Era alto, magro e vestiva calzoni troppo abbondanti per le sue gambe. Occhi azzurri, un grosso pomo d'Adamo e l'aspetto di un uomo che emana simpatia a prima vista. Gli avambracci, che le maniche di camicia arrotolate lasciavano scoperti, mostravano vene e tendini straordinariamente in rilievo.

Era ormai tardo pomeriggio e, con assoluta naturalezza, ci trovammo seduti a tavola davanti a un piatto di salame e una bottiglia di lambrusco, nell'attesa che il temporale offrisse una tregua. Di fronte a gente così semplice e magnanima, avevo ripreso coraggio. Il vino generoso fece il resto. Ci raccontammo un po' delle nostre vite, fino a quando i tuoni cessarono e una fine pioggerella accompagnò le operazioni di recupero del mio mezzo inchiodato nel fango. Il giovane contadino, con poche e precise manovre del trattore, staccò letteralmente la macchina dalla presa tenace del pantano.

Per molto tempo, tutte le volte che mi trovavo a passare da quelle parti, mi fermavo a salutarli, non prima di avere acquistato qualche fiore vermiglio nell'emporio del paesino, dove si poteva trovare un paio di forbici da potatura accanto a una scatola di pannolini per neonati. Lei adorava i fiori, soprattutto quelli rossi.

Passarono gli anni e un giorno, come tanti altri, mi fermai nel vialetto davanti a casa. I fiori erano sul sedile di fianco. Scesi dall'automobile e girai intorno all'abitazione. Lui non mi aveva sentito arrivare perché stava lavorando in mezzo al campo di sorgo. Quando mi vide alzò la mano, facendomi cenno che sarebbe venuto lui incontro a me. Man mano che si avvicinava notavo il viso serio, privo della consueta allegria che questi incontri trasmettevano l'uno all'altro.

«Le hanno trovato un brutto male al fegato» mi disse con un'espressione che lo aveva invecchiato di vent'anni. «È andata all'ospedale con sua sorella e non sarà di ritorno prima dell'una. Se vuoi fermarti ad aspettarla...».

Balbettai le solite logore frasi: «Oggi fanno miracoli…Non è più come una volta…La medicina ha fatto passi da gigante…» e gli chiesi scusa, ma passavo di fretta e non potevo assolutamente fermarmi a pranzo. Capì che non me la sentivo. Lui mi allungò la mano e io lo abbracciai a lungo, in silenzio.

Telefonai, dopo alcuni giorni, all'ora di cena per essere sicuro di trovare Bruno. Mi rispose lei, gioviale e allegra come sempre. Sapeva che sapevo e mi disse che l'ultima visita era andata bene e la chemio stava dando buoni risultati. Le promisi che sarei passato di lì a breve.

Una mattina, svegliatisi di buon'ora come al solito, i due contadini trovarono davanti alla porta di casa una cesta con dentro un cagnolino bianco e marrone, di poche settimane e di natali certamente poco nobili. Su un biglietto c'era scritto a matita: *"Non è per cattiveria, ma non lo posso tenere"*.

Dopo qualche iniziale perplessità, la donna decise che quel cane non sarebbe finito al canile e il marito celò il suo disaccordo, sapendo che la moglie soffriva di una malattia dal decorso incerto. *"In fin dei conti"* pensò, *"abbiamo un bel po' di terra, due vecchie porcilaie e la stalla vuota e non dà l'idea di diventare un San Bernardo. Chissà che questo cane non la distragga dai suoi pensieri"*.

Il cucciolo cresceva, mostrando tutte le caratteristiche tipiche del vero bastardino: mezzo pelo bianco, mezzo marrone, la punta delle orecchie pendula, la coda riccia, con il fiocchetto bianco e due occhi furbi, di quella furbizia che solo i bastardini possiedono.

Passarono un paio di anni. La donna e il cane si erano praticamente fusi in un solo essere. Appena entravo dal cancello e scendevo dalla macchina si materializzava prima la donna e subito dopo il cane, oppure prima il cane e subito dopo la donna. Erano sempre assieme. Il cagnolino mi veniva incontro, tenendo in bocca un osso o una pigna, saltellando, restando in piedi sulle zampe posteriori e infine porgendomi insistentemente la zampina. «Stai giù» lo redarguiva lei, «ché sporchi il dottore».

Una mattina mi telefonò la sorella. La malattia aveva deciso il suo decorso improvvisamente, e la donna era spirata la notte prima.

Dopo alcuni mesi, in una giornata di pioggia battente, simile a quella che mi aveva fatto conoscere Bruno e Gina, passavo proprio nel centro del paese. Una piccola deviazione e, ancora una volta, entrai dal solito cancello. Semplicemente, passavo di lì, e mi era venuta voglia di portare un saluto all'amico contadino. Parcheggiai la macchina sotto una tettoia ondulata che metteva al riparo dalla pioggia e scesi.

Non c'era nessuno. Lo vidi disteso nella sua cuccia. Mi venne incontro, incurante della pioggia scodinzolando, con un pezzetto di legno in bocca. Allungò la zampa e immediatamente la tirò indietro per due volte, incerto, voltando la testa a cercare qualcuno che doveva sgridarlo. Istintivamente guardai anch'io dietro di lui. Nessuno. Lo presi in braccio. Si chiamava Tobi ed era solo un bastardino.

Una vita fatta di margherite

Sono uscito per spezzare un cerchio, un cerchio nero, peggio di quello dei circhi.

Non puoi passarci in mezzo, quando vuoi, quando hai accumulato il coraggio che ci vuole per saltare attraverso un cerchio di fuoco. Puoi fare qualche timido tentativo sperando che si infranga presto, più presto dell'ultima volta.

Sono uscito nel pomeriggio tardi di un aprile ancora fresco e ho preso il primo vialetto che ho trovato. Volevo vedere dei prati, dell'erba, del fieno. Volevo vedere i cardellini inseguirsi e i merli, con la voce chioccia, cantare nella siepe di bosso.

A metà del vialetto mi sono accorto che il prato era pieno di margherite, Mi sono chinato e ne ho raccolta una. Ho chiuso gli occhi e ho annusato profondamente, come facevo da piccolo per sentire anche il più sottile profumo.

È sottile il profumo delle margherite. Puoi camminare in un prato dove ce ne sono milioni e non sentirlo, ma se l'annusi attentamente, da vicino, lo senti. È un profumo di primavera, di giovinezza delicato e fragile.

Ho proseguito nel mio vagare per diversi chilometri cogliendo pigne che da anni non vedevo *neanche, fermandomi a odorare una magnolia in fiore, abbandonandomi infine sulla panchina di un parco giochi, immobile con le braccia spalancate, a prendere in faccia il vento e i suoni, il sole e i rumori.*

Ho guardato l'acero sopra di me e la volta del cielo offuscato da qualche nembo bianco e sono andato oltre, al di là delle stelle, delle galassie verso la fine che non ha fine e ho chiuso gli occhi.

Quando li ho riaperti la gazza si è appoggiata leggera, come un aquilone sul prato, e zampettava impettita becchettando qualche insetto.

Io e una gazza e l'infinito dell'universo.

Ho ripreso il cammino passando in mezzo a case popolari con i muri disegnati da dozzine di cuori, di frecce, di bestemmie, di nomi. Il bucato sui balconi, i muri sporchi, gli odori di cucine d'altri paesi, il vociare di lingue sconosciute. Di fianco a un muro un soffione. L'ho colto e ho soffiato forte contro il vento.

La donna è passata di fianco a me con il suo cane bianco e la meraviglia negli occhi.

Ho incontrato una strada trafficata con rumori stridenti di auto, di moto, di freni. Odore di nafta.

Per la prima volta ho visto le insegne dell'auto-strada venirmi incontro lentamente, a passo d'uomo. Ho deviato per un altro parco dove un giovane, con le scarpe da tennis, correva felice preceduto da un piccolo cane fulvo.

Prima della strada di casa ho visto sui rami di un vecchio platano due cardellini che si ricorrevano felici e di nuovo un prato di margherite.

Mi sono inginocchiato a baciarle.

Perché deve esistere una vita fatta di margherite.

Indice